사업회로도

IT CEO의 경영혁신 이야기

사업회로도

박건영 지음

I'm

대기업 직장생활을 하던 중 IMF라는 거대한 파도를 맞았다. 평생직장이라고 생각하던 대기업 생활을 접고 사업을 결심했다. 이후 IT 분야에서 20년 넘게 PCB 설계 전문회사를 운영하면서 수많은 어려움과 위기가 닥쳤으나 극복하고 현재의 위치까지 왔다.

연구 개발 일만 하던 나로서는 설계 이외의 마케팅, 영업, 경영, 관리는 어렵고 힘든 일이었다. 사회 경험은 가정, 학교, 직장에서 많이 배운다고 한다. 하지만 사업은 사업가 부모님으로부터 배우지 않는다면 배울 곳이 마땅치 않고 그나마 나홀로 성공한 자수성가형이 다인 것 같다. 나는 오로지 혼자의 힘으로 여기까지 왔다. 내가 20여 년 동안 회사를 운영하면서 경험했던 이야기를 초보 사업가들에게 들려 주고 싶어서 이 책을 썼다.

남들과 다르게 생각해 보고 남들보다 더 열심히, 더 많이 공부하면 더 나은 삶을 살게 된다는 걸 나는 경험으로 알았다. 자신의 사업을 하기로 결정한 사람이라면 당연히 그 계통에서 실력을 인정받은 사람일 것이다. 지금까지 죽도록 공부했는데 또 공부냐고 생각할지 모르지만 더 해야 한다. 그러면 남들과 다르게 살 수 있는 토대가 마련될 것이다.

IT를 네이버 지식백과에서는 '인터넷의 성장으로 발달한 새로운 영역으로서 컴퓨터 하드웨어, 소프트웨어, 통신장비 관련 서비스와 부품을 생산하는 산업의 통칭'으로 정의한다. 나는 그중에서 하드웨어 부분의 설계를 하고 있다. 직장생활까지 포함하면 30년 넘게 IT 설계업에 종사하고 있다.

보드 위에는 반도체 및 각종 부품들이 아무렇게나 놓여진 것처럼 어지럽게 보이지만 모두 각자 제자리에 순서대로 놓여지고, 그 사이에 수많은 길이 만들어지면서 부품 간의 관계가 맺어진다. 한 가닥의 선이라도 잘못 연결되면 작동되지 않아 끊임없이 오류를 수정하고 새로운 길을 만들어야 한다. 무수한 실패와 성공의 결과물이 보드판인 것이다.

우리의 인생사도 보드판과 같이 관계의 연속이다. 사업도 직원과 고객과의 관계에서 시작되고 끝이 난다. 이 책을 통해서 사람들과의 관계 속에서 내가 남들과 어떻게 다르게 살아왔는지 보기 바란다. 초보 사업가들에게 나의 경험이 조금이나마 도움이 되었으면 한다. 실패를 자주 하는 사람은 100가지의 이유가 있다. 시작했다면 안 된다고 하지 말고 죽을 힘을 다해서 사업해라. 그러면 성공이라는 결과물이 여러분을 기다릴 것이다.

마지막으로 공저 이후 함께 책쓰기에 동참해 준 4명의 작가들과 이 책이 나오기까지 옆에서 많은 도움을 주신 이다빈 작가님과 신지현 편집장님께 깊은 감사를 드린다.

2022년 3월
박건영

목차

part 2. 관계의 회로

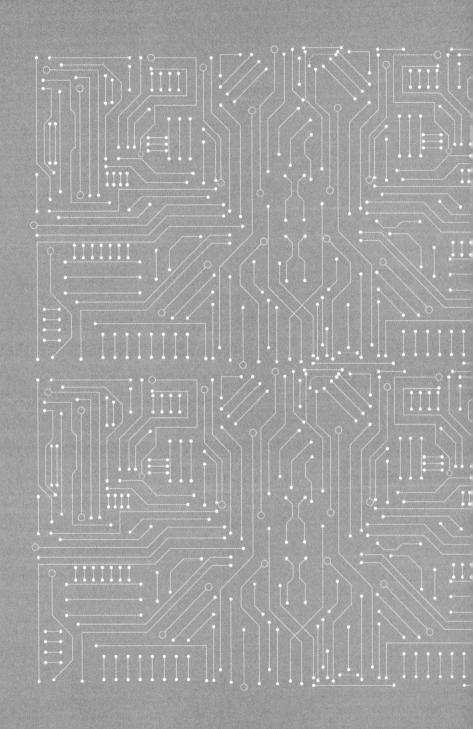

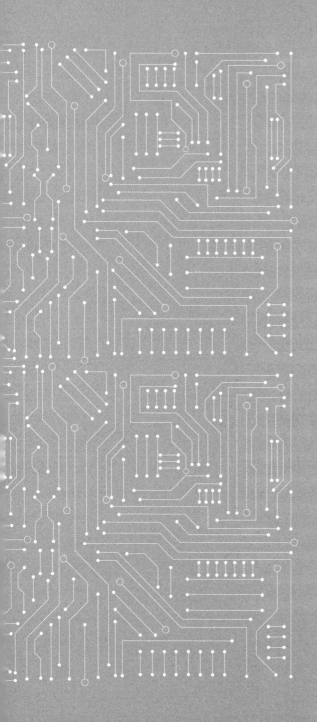

part 1

사업의
설계

결정은 신중하게,
시작은 빠르게

도서관에 수만 권의 책이 있다면 PCB 설계 CAD에는 수만 개의 부품 형상이 있는 '라이브러리LIB'가 있다. CAD LIB와 도서관의 라이브러리Library는 같은 영문 단어다. LIB를 만드는 건 설계에서 가장 처음으로 하는 기초 작업이다. 보드 하나 당 수십 개에서 수천 가지의 LIB가 필요하다.

LIB는 한 번 잘 만들어 놓으면 변경 없이 계속 사용할 수 있다. 보드를 추가 설계할 때는 기존에 있는 LIB를 그대로 쓰고, 없는 부품만 추가로 그리면 된다. 그러면 LIB의 부품이 도서관의 책과 같이 계속 늘어나게 된다. 수백 개의 LIB를 처음부터 그린다면 아주 고된 일이다. 그래서 처음 LIB를 구축하는 것이 힘들다.

나는 처음 수영을 배울 때 황선우처럼 멋지게 물살을 가르며 자유롭게 헤엄칠 수 있으리라는 생각으로 수영복도 사고 물안경도 샀다. 하지만 며칠 동안 발차기만 하라고 하니 힘들어서 그만두고 말았다. 그 뒤 다른 곳에서 접영까지 배우긴 했지만 발차기만 해서 전진하라고 하면 지금도 힘들다. 어떤 운동이든 처음에 반복적인 기초운동만 하다 보면 그만두고 싶은 생각부터 든다. 하지만 그 고비만 넘기면 쉽게 진도가 나간다.

1997년은 참으로 냉혹했다. 한보철강 부도 사태로 촉발된 기업들의 부도가 걷잡을 수 없이 늘어났다. 기아자동차의 부도는 거의 메가톤급 충격이었다. 방만한 경영 또는 과도한 부채로 인해 이름만 들어도 알 수 있는 기업들이 줄도산을 했다. 그러더니 결국은 IMF 사태를 맞고 말았다. 중소기업들의 부도로 많은 직장인이 하루아침에 해고되었다. IMF가 터지기 전 97년 초의 환율은 900원도 안 되었는데 IMF 무렵에는 2,000원 가까이 올랐다.

당시 나는 대기업에서 근무하고 있었다. 우리가 생산한 제품은 국내 판매보다 수출 위주여서 환차익만 거의 2배 이상의 이득이 생겼는데도 불구하고 회사는 정리해고를 단행했다. 말이 IMF 사태에 의한 정리해고이지 실제로는 평소 눈엣가시처럼 보이던 직원들을 정리해고 한 것이다. 어려운 시기에 자발적으로 희망퇴직을 신청하라고 하면 아무도 신청하지 않는다. 다른 곳도 다 해고하는데 자발적으로 희망퇴직을 해 봐야 갈 회사가 없기 때문이다.

부서장이 직권으로 정리해고 명단을 제출했다. 평소 업무를 잘 해왔으나 부서장과 관계가 껄끄러운 부서원들은 이 시기에 가차 없이 정리해고 되었다. 나는 회사를 평생직장이라고 생각하고 열심히 일했다. 그 보답으로 부서장은 인사 고과에서 좋은 점수를 주었다. 하지만 IMF 사태로 직장 선배들이 무차별 해고되는 것을 보니 내가 아무리 일을 잘해도 돌발 변수가 생기면 해고될 수 있을 것 같았다. 내 사업을 해야겠다는 생각이 들었다.

강한 충격이 있으면 좀더 쉽게 결정을 할 수 있는 것 같다. 대기업 다닐 때는 부모님이 날 지켜 주는 것처럼 느껴졌고, 열심히 해서 임원까지 가는 게 목표였다. 하지만 IMF라는 강력한 충격은 내 목표를 180도 전환시켰다. 그 당시에는 주변에 사업을 하는 선배들이 없었기에 나는 전문 경영인이 쓴 책으로 간접 경험을 할 수밖에 없었다. 책을 읽으며 어떤 사업을 해야 할지 메모했다.

내 사업의 첫 번째 시작은 PCB 설계였다. 전 직장에서 10년 가까이 해온 일이라 잘할 수 있었기에 시작이 어렵지 않았다. 두 번째는 전자부품의 유통사업이었다. PCB 설계를 하면 여러 가지 이유로 고객사를 만나게 된다. 그 회사들은 모두 전자부품을 쓴다. 설계에 대한 미팅을 하면서 전자부품 영업도 하면 되니 어렵지 않게 또 다른 시작이 되었다. 세 번째는 비철금속인 알루미늄 사업에 도전했다. 국내에서 주문받은 제품을 중국의 대형 알루미늄 회사를 통해 생산·수입하는 무역을 했는데 기존 IT 분야와는 다른 획기적인 사업 전환이었다.

네 번째는 LED 가로등 사업에 도전했다. 알루미늄을 취급하다 보니 알루미늄 케이스를 많이 쓰는 LED 가로등에도 쉽게 도전할 수 있었다. 한국의 가로등 제조 회사는 금형비 부담 때문에 한두 개의 모델만 투자한다. 중국도 마찬가지로 금형비가 부담이 되니 한국 회사만큼만 투자한다. 하지만 중국은 LED 가로등 회사가 어마어마하게 많다. 한국이 경기도 외 9개의 도로 구성되었다면 중국은 광동성 외 23개의 성으로 구성되어 있는데 그 성의 크기는 대부분 한국만큼 크다. 중국을 23개의 나라로 구성된 연합국이라고 본다면 한국의 가로등 회사 수의 23배가 많은 격이고, 23배만큼 다양한 디자인의 가로등을 수입할 수 있는 것이다. 설계라는 시작이 있었기에 이 모두가 가능했다.

사업을 시작하고도 이후 3년 동안은 내가 하고 싶은 일을 계속 적었다. 경영 관련 서적도 열심히 읽었다. 그때 적었던 사업 아이템 중에서 현재까지 하고 있는 것은 없지만 그만큼 고민을 많이 했다. 요즘 퇴직한 사람들은 프랜차이즈업이나 요식업을 제일 많이 선택한다. 프랜차이즈로 사업을 시작하는 것도 하나의 방법이 될 수 있다. 왜냐하면 시작이 중요하기 때문이다. 시작이라는 시동을 걸고 나면 여러 가지 도전을 할 수 있다. 도전을 하다 보면 어떤 하나가 걸려 들지도 모른다.

나는 IMF라는 충격이 있었기에 사업을 시작했고, 몇 년의 준비 과정을 거친 후 현재 사업의 기초 체력을 만들 수 있었다. 시작은 어렵다. 하지만 시작해야만 한다. 그리고 시작했다면 죽기 살기로 해야 한다. 이게 아니다 싶으면 중도에 포기할 수도 있겠지만 죽기 살기로 한다면 그 끝은 창대할 것이다. 언제 시작할지 고민만 하는 사람이 될 것인지, 과감한 시작으로 삶의 질을 계속 변화시킬 것인지는 스스로의 몫이다.

CEO 모임에 나가면 그 분야에서 최고를 지향해서 목표의 근처까지 이른 대표들을 만날 수 있다. 그들의 공통된 특징은 과감한 결정과 빠른 시작이다. 나는 꼼꼼히 체크하고 여러 사람의 의견을 청취해서 결정을 늦게 하는 편인데, 일단 결정하고 나면 최대한 빠른 시간 안에 시작한다. 시작이 반이다. 그렇다고 아무런 준비도 없이 시작하면 안 된다. 결정은 신중하게 하되, 결정을 했으면 최대한 빨리 시작하는 게 답이다.

할 거면 제대로 하자

나는 부지런하다는 얘기를 많이 듣는다. 첫 회사의 팀원들은 가만히 있지 않고 계속 일하고 있는 나를 보고 에너지가 넘치는 젊은 친구가 왔다고 했다. 팀원들은 나에게 적당히 쉬면서 하라고 했지만 내 몸은 계속 일을 했다. 고등학교 때도 각종 시험 및 자격증 공부만 했다. 회사에 나와서는 일만 하다 보니 별다른 취미생활이 없었다. 주말에 다른 일도 없고 기숙사에 있어 봐야 낮잠만 잘 것 같아서 일요일에 특근 신청을 하고 출근하기도 했다. 일밖에 모르는 나를 보고 선배가 한마디 했다.

"거의 일주일 내내 출근하는 것 같은데 취미생활 같은 것 없어?

보아하니 없는 눈치구만? 옆 팀 용욱 씨가 사진 동아리 활동을 하는데 사진을 꽤 잘 찍나봐. 그 동아리 안에서도 높은 직책에 있고. 내가 얘기해 놓을 테니 관심 있으면 한번 가봐. 이렇게 일만 하다 보면 금방 지치게 되고 권태기가 빨리 찾아와."

기존의 CAD 시스템을 업그레이드 하는 프로젝트가 진행되고 있을 때였다. 기존 CAD도 PCB 설계 전용 CAD였지만 PC 기반의 프로그램이었다. 회사가 대기업이다 보니 그에 걸맞는 CAD로 업그레이드 하기로 했고, 워크스테이션 기반의 CAD를 도입했던 것이다. PC와 워크스테이션 기반의 차이는 서울에서 부산까지 고속도로를 모닝을 몰고 가느냐 벤츠를 타고 가느냐의 차이다. 돈으로 따져도 PC 기반보다 10배의 가격을 주어야 한다. 그 정도의 퍼포먼스이니 설계는 더 편안하게, 기술적으로는 더 정교한 설계가 가능해진 것이다.

하지만 새로운 CAD를 도입하다 보니 여러 가지 문제점이 발생하기도 했다. 그 문제점을 해결하기 위해서는 공급사에 문의해야 하는데 문의 후 답변이 오기까지 많은 시간이 소요되었다. 설계는 바로바로 진행해야 하는 것이어서 문제점이 생기면 매뉴얼을 보고 해결하는 게 훨씬 효율적이다.

　낮에는 설계를 해야 하다 보니 매뉴얼을 볼 시간이 없었다. 그래서 설계를 하다가 나온 문제점을 노트에 적어 놓고, 노트와 매뉴얼을 들고 기숙사로 퇴근했다.

　"지금 12시가 훨씬 넘은 시간인데 언제 보려고 매뉴얼을 들고 가? 쉴 땐 좀 쉬어야 다음날 일을 할 수 있지."

　"네. 저도 피곤해요. 낮에는 매뉴얼 볼 시간이 전혀 없고 이렇게 해서라도 문제점을 하나씩 해결하고 빨리 안정시켜야 시간 안에 설계를 끝낼 수 있어요. 그래도 속도가 조금씩 나고 있는 게 느껴지지 않으세요?"

　"으이그! 저걸 누가 말려. 하여튼 일에 대한 집념이 억척스럽다 못해 징그럽다니까. 적당히 하고 일찍 자."

　잠이 들기 전까지 매뉴얼을 보다가 나도 모르게 엎드려 자기를 반복했고, 그렇게 CAD 시스템은 안정을 되찾아가고 있었다.

　팀 개편이 될 때마다 나는 뜨거운 감자가 되었다. 회사의 운명이 달린 중요한 프로젝트를 맡은 팀장이 나를 지목하고 팀원으로 데리고 가겠다고 했다. 그러자 내가 속해 있던 팀의 팀장이 프로젝트가 아직 끝나지 않았는데 데리고 가 버리면 프로젝트가 지연될 수도 있다며 안 된다고 우겼다. 그 뒤로도 팀이 개편될 때마다 나를 서로 데리고 가려 했고 내 주가는 계속 올라갔다.

내가 별다르게 한 건 아무것도 없었다. 어떤 일이든 최선을 다해서 일을 한 것뿐이었다. 대충대충 하고 싶을 때도 있었다. 학교 다닐 때 공부를 대충 했더니 얼마 지나지 않아서 공부한 것이 하나도 기억나지 않았다. 그때부터 할 거면 제대로 최선을 다하자는 생각이 들었다. 그런 습관 때문에 입사해서도 어떤 일이든 최선을 다해서 하게 되었다. 누군가에게 인정받기 위해서 의식적으로 일을 한다면 한두 번은 인정받을 수 있겠지만 꼼수를 부리는 사람은 티가 난다. 어떤 일이든 최선을 다하다 보면 주변에서 자연스럽게 인정을 받는다.

될 놈은 떡잎부터 알아본다고 하지 않는가. 직장생활을 대충 하는 사람이 사업이라고 다르게 하진 않을 것이다. 지금도 CEO 모임을 나가게 되면 총무를 맡을 때가 많다. 어떤 모임도 나는 대충 나가서 시간 때우다 오지는 않는다.

틈새시장을 찾아라

"지 팀장, 우리 집 근처에 삼겹살집 새로 오픈한 것 같은데 오늘 저녁은 거기 가서 한번 먹어 보자."

지 팀장은 매번 가는 집은 식상하고 나오는 밑반찬도 그렇고 하니 새로운 집으로 가자는 내 제안에 동의했다. 옆자리에 앉은 김 대리한테도 같이 가자고 했더니 오늘은 여자 친구를 만나야 하니 둘이서 맛있게 먹으라고 한다.

퇴근 후 지 팀장의 친구로부터 전화가 왔다. 나도 그 친구와는 안면이 있어서 같이 만나기로 했다. 식당 앞에는 여직원이 지나가는 사람들에게 현란한 말솜씨로 열심히 개업 홍보를 하고 있었다.

삼겹살집은 탁자가 20개 남짓 되는 꽤 큰 식당인데 개업발로 식당 주변의 사람들이 찾아온 건지 아니면 사장의 지인들이 축하차 찾아온 건지는 모르지만 홀은 사람들로 가득 차 있었다. 우리는 식당 안으로 들어가 자리를 잡고 주문벨을 눌렀다.

주변을 둘러보니 많은 사람들이 삼겹살을 굽고 있었고, 일부 사람들은 밑반찬과 고기를 기다리고 있는 듯했다. 주문을 위해 벨을 누른 지 한참이 지났는데도 직원이 오지 않아서 신경질적으로 계속 벨을 눌렀다.

"손님, 잠시만요!"

한쪽에서 소리가 들렸지만 직원은 좀처럼 오지 않았다. 얼핏 봐도 탁자 수에 비해서 직원의 숫자가 적어 보였다. 거기다가 직원들은 아직 업무에 익숙지 못한 듯 손님들한테 핀잔을 듣고 있었다.

"아까 추가 삼겹살 주문한 건 왜 안 가져다 줘요?"

"상추 더 달라고 한 지가 언젠데 안 가져다 줘요?"

"이렇게 바빠서 못 가져다 줄 거면 셀프바를 만드세요."

여기저기서 불만이 뿜어져 나오고 있었다. 직원들도 너무 바빠서 혼이 빠진 것 같았다.

"오늘 여기서 먹기는 힘들 것 같으니 저 밑에 우리가 늘 가던 가게에 가서 돼지갈비나 먹어요."

지 팀장의 제의로 우리는 새로운 식당 도전을 포기하고 자주 가던 집으로 향했다. 우리는 방금 전까지 신경질적으로 벨을 누르던 짜증이 언제 있었냐는 듯 술잔을 비웠다.

"몇 달 후면 이제 진짜 박 대리님이 회사를 운영하게 되실 텐데 기분이 어떠세요?"

대기업에서 같이 일하던 5명이 대한민국 최고의 벤처 기업을 만들자는 결의를 하고 운영한 지 3년째 되던 해였다. 창업한 벤처 회사는 실력을 인정받아서 설계 수주가 지속적으로 늘어났고, 직접 제조를 위해 제조 공장까지 합병하는 등 나날이 발전했다. 하지만 무리한 투자와 잘못된 결정으로 인해 사업은 작년부터 점점 쇠퇴해 갔고, 회사 빚만 늘어가고 있었다.

"지금 기분이야 착잡하지."

처음 벤처 기업을 창업할 때만 해도 50년, 100년 갈 것만 같았는데 이렇게 쇠퇴하는 모습을 뒤로하고 떠난다는 게 섭섭하기도 하고 가슴이 아팠다. 하지만 이해가 안 되는 부분도 있었다. 내가 가지고 있는 주식을 회사에 모두 반납하고 퇴사하라는 거였다. 나는 초기 사업자금을 투자해서 주식을 받았고, 합법적인 유무상 증자로 추가 주식을 받을 당시 회사는 황당한 조건을 걸었다. 회사가 상장하기 전에 퇴사하면 초기 보유 및 증자로 받은 주식 모두를 포기해야 한다는 것이다.

나는 증자로 받은 주식은 포기할 수 있지만 초기 보유 주식은 포기 못 한다며 싸웠다. 회사는 사인을 안 하면 증자 주식을 못 준다고 하기에 어쩔 수 없이 했지만 이런 건 깡패 회사에서나 하는 행동이라는 생각이 들었다. 결정하느라 고민을 많이 했지만 회사를 나가서 더 벌면 된다고 생각하니 마음이 편해졌다. 그 얼마 안 되는 주식 때문에 더 큰 내 인생을 미룰 수는 없었다.

지 팀장은 신생업체로 그 바닥에 뛰어들면 계란으로 바위치기일 텐데 다른 전략이 있으면 귀띔 좀 해달라고 졸랐다. 나는 특별한 것은 없고, 실력과 열심히 한다는 진정성을 고객사에게 보여 주면 분명 이 바닥에서는 통할 거라고 얘기했다.

나보다 먼저 운영하고 있는 PCB 설계 아트웍 회사들이 실력이 없다고 생각하진 않았다. 지난해에 개발 모델이 여러 개 겹쳤고 내 설계 건수가 너무 많아서 PCB 설계를 아트웍 회사에 의뢰한 적이 있다. 그런데 그 설계를 하는 직원이 CAD 툴은 잘 다루는데 회로에 대한 지식이 없어서 설계 작업을 이런 식으로 해 달라는 내 말을 못 알아들었다. 몇 마디 더 기술적인 얘기를 해 보니 지식은 없고 단순히 오퍼레이터 수준밖에 되어 보이지 않았다. 놀라운 것은 그 직원은 신입이 아닌 10년 경력의 직원이었다. 나는 그것을 보고 틈새시장을 찾았다.

 벤처 회사에서는 PCB 설계 아트웍 업무만 했지만, 내가 대기업에 있을 때는 PCB 설계도 하면서 PCB 디버깅도 했다. PCB 디버깅은 회로의 각종 값 저항, 콘덴서, 코일의 엘값 등을 변경 또는 추가 삭제하는 일이다. PCB 설계에 따라서 회로의 특성이 변하는 걸 보정해 주는 작업이 PCB 디버깅이다. 제대로 PCB 설계를 하려면 기본적으로 회로도를 이해하고 이 부품은 왜 여기에 있어야 하고, 중요 아날로그 시그널 패턴은 왜 여기를 꼭 비켜 가야 하는지 알고 아트웍 설계를 해야 한다. PCB 설계 아트웍 경쟁 회사들의 직원 대부분은 회로 지식이 없어서 노이즈 영향을 가장 많이 받는 지역에 제일 중요한 반도체를 배치해 놓는다든지, 패턴을 길게 만들어서 노이즈를 타게 했다. 전류가 흐르는 패턴을 빨래줄 걸듯이 아무 생각 없이 줄줄 깔면 안 되는데 PCB 설계 전문 아트웍 업체들이 그러고 있었던 것이다.

회로에 맞는 PCB 설계 아트웍을 하지 않으면 2~3번의 설계 수정으로 끝날 것을 4~5번 아트웍을 하게 되고, 시간은 시간대로 비용은 비용대로 발생한다. 그러니 나처럼 회로 지식이 있는 곳에 의뢰해야 한다는 것을 부각시키겠다고 하자 지 팀장은 잘될 거라며 덕담을 건넸다.

2차로 생맥주를 한 잔 더 하기로 해서 근처 지하철 옆에 있는 생맥주 체인점으로 가고 있는데 불 꺼진 식당이 눈에 띄었다. 그 식당은 가끔 들러서 먹던 한식 백반집이었다. 생긴 지 1년밖에 안 되었는데 벌써 불이 꺼져 있었다. 자세히 보니 가게 문에 '임대'라고 쓰인 A4 용지가 보였고 휴대폰 번호도 적혀 있었다.

"우리 주변에는 사업을 쉽게 생각하고 무작정 뛰어드는 사람들이 많은 것 같아. 저 사장님도 분명 처음 저 가게를 시작했을 때 계산기도 두들겨 보고 주변 분들과 상의도 해 보았을 거야. 그런데 틈새 전략이 없는 것 같아. 남들이 다 하는 백반 메뉴로 어떻

게 성공할 수가 있겠어? 처음 간 삼겹살집도 먹어 보지는 못했지
만 그냥 평범한 가게 같던데……. 그래도 오늘 개업했으니 오래 갔
으면 좋겠다."

인두기도 데워지는 데
시간이 필요하다

"빨리 나가야 하는데 이게 왜 떨어져 있지? 정 과장님, 인두기 전원 좀 넣어 줘요."

마음이 급해서 인두기에 납을 가져다 대어 보지만 납은 녹을 기미가 안 보인다. 인두기는 IT 전자기기에 들어가는 PCB 납땜을 하기 위해서는 꼭 필요한 기구이다. 밥을 할 때 불을 때고 뜸들이는 시간이 필요하듯 인두기도 전원이 연결되었지만 바로 사용할 수가 없고 데워지는 데 시간이 필요하다.

납땜뿐만 아니라 사업도 때를 기다려야 한다. 누구나 마찬가지겠지만 사업 초기에 가장 힘든 부분은 영업이다. 사업이든 장사든 처음에는 주변에서 많은 도움을 주기에 개업하고 며칠 동안은 너무 바빠서 앞으로 계속 이런 날이 계속 이어질 것 같은 착각에 빠지는 경우가 있다. 하지만 한 달이 지나면 일이 확 줄어드는 게 보이고 무언가 잘못되고 있다는 느낌이 드는 시점이 온다.

나도 사업을 시작하고 한 달 동안은 무척 바빴다. 하지만 한 달 이후부터는 일이 없었다. 영업을 해야겠는데 방법을 찾지 못했다. 대기업 재직 시절 개발 일만 열심히 했지 다른 곳에는 관심이 없었다. '영업' 하면 생각나는 방식이 길거리에서 전단지를 나눠 주는 것이었다. 하지만 최첨단 PCB 설계업을 운영하는데 길거리에서 PCB가 무엇인지도 모르는 불특정 다수에게 전단지를 나눠 줄 수는 없는 노릇이었다.

인터넷으로 전자기기 제품을 생산하는 회사를 찾아 전화를 걸어서 회사 소개를 하는 게 좋겠다는 생각이 들었다. 그 당시 나는 남한테 내 소개를 하거나 부탁하려고 하면 부끄러움을 많이 타고 쑥스러워서 말도 못 꺼내는 내성적인 성격이었다. 전화를 걸어야 하는데 버튼을 누르지 못하고 수화기만 들었다 놓았다를 몇 시간 동안 반복하다가 포기했다. 그렇게 며칠 동안 전화기만 바라보다가 이대로 가다간 죽도 밥도 안 되겠다는 생각으로 숨을 크게 쉬고 전화기 버튼을 눌렀다.

"PCB 설계를 하는 회사인데요. 연구소나 개발실의 PCB 담당자를 바꿔 주실 수 있나요?"

"저희 회사는 중국에서 완제품을 들여오기 때문에 그런 부서가 없습니다."

이왕 발동을 걸었으니 또 다른 회사에 전화를 걸어 보았다. 이번엔 개발실 직원에게 연결되었다.

"하드웨어 출신이라서 회로에 맞는 설계를 할 수 있고 다른 설계회사보다도 PCB 설계를 더 잘할 수 있습니다. 만나 뵙고 회사 소개를 하고 싶은데 시간 좀 내 주십시오."

"우린 기존에 하던 곳이 있구요. 바쁘니까 담에 연락 주세요."

직원은 신경질적으로 대답하고 일부러 내가 듣게끔 전화를 연결해 준 직원에게 앞으로 이런 전화 연결하지 말라고 짜증을 내고선 전화를 끊었다. 며칠을 전화기만 들었다 놓았다 하다가 겨우 개발실 직원까지 연결됐는데 퇴짜를 맞고 보니 더 이상 전화를 걸 용기가 나지 않았다.

사무실 발코니로 나가서 줄담배를 피우면서 멘탈 약한 스스로를 자책했다. 전화로 영업하는 게 쉽지 않았다. 다른 방법을 강구해 보기로 했다. 인터넷을 검색하니 가산동 지식산업센터의 입주사 리스트가 보였다. 인터넷으로 상호를 검색해서 PCB 설계를 할 만한 회사를 추려 냈다. 전화로 영업은 도저히 못 하겠으니 회사 소개서를 우편 발송하는 것으로 바꾸기로 했다.

다행히 시간 날 때 만들어 놓은 회사 소개서가 있어서 인쇄 후 사무용품 몇 개를 동봉해서 며칠 동안 매일 십여 개씩 우편 발송을 했다. 직장생활 할 때 회사에 각종 우편물이 많이 도착했는데 중요한 문서 외에는 개봉도 하지 않고 쌓아 놓았던 기억이 났다. 보낸 회사 소개서는 그때의 스팸 우편물처럼 해당 회사 어딘가에 쌓여 있는지 아무런 연락이 없었다.

일이 없다고 마냥 앉아 있을 수가 없어서 분위기 전환도 할 겸 직장생활을 할 때 친하게 지냈던 협력업체 강 부장과 저녁을 먹기로 했다. 제품 개발을 할 때 가장 중요한 부품들이 있는데 강 부장은 그 중요한 부품 중의 하나인 CPU 프로그램 엔지니어였다. 대기업 개발실 내 옆자리에서 오랫동안 같이 일을 한 사이여서 꽤 친분이 있었다.

강 부장이 있는 용산 회사에 가니 사장도 마침 있어서 인사를 했다. PCB 설계로 독립했다고 하니 강 부장한테 일할 것 있으면 많이 도와주라고 한다. 몇 년 전까지만 해도 내가 고객사였고, 사장은 협력 회사였는데 이제는 입장이 바뀌었다.

"이제는 박 대리가 아니고 박 사장이네? 언제 독립했어요? 사업은 잘되죠?"

"넉 달 됐구요. 처음에만 좀 바쁘더니 일이 없어서 손가락만 빨고 있네요."

강 부장은 회사 앞에 잘하는 일식집이 있다고 하면서 나가자고 했다. 서울 용산 한복판의 일식집은 이천 일식집과는 달랐다. 시설이며 직원들이며 분위기 자체가 달랐다. 내 모습은 시골에서 상경한 촌뜨기가 모든 게 신기해서 두리번거리는 꼴이었다. 탁자밑이 파여 있는 전통 일식 탁자에 앉으니 강 부장은 여러 번 접대를 해봤다는 듯 능숙하게 주문했다.

술과 음식이 나오고 소주 한 잔을 기울이자 강 부장은 일이 없어서 어떡하냐며 진심어린 걱정을 해주었다. 독립을 하고 일이 없어서 극도의 스트레스를 받고 있었는데 강 부장이 따뜻하게 위로 해 주니 울컥하며 소주가 평소보다 더 쓰게 느껴졌다. 그러면서 강 부장은 조만간 새로운 IC가 출시되는데 그때 연락을 주겠다고 했다.

"박 사장의 성실함은 누구나 아니까 앞으로 잘될 거예요."

그 후 강 부장이 말한 신규 IC가 나와서 PCB 설계를 하자고 전화가 왔다. 넉 달 만에 일을 수주하니 기뻐서 전화기에 대고 연신 절이라도 하고 싶은 심정이었다. 신규 칩은 설계가 까다로워서 지켜야 할 룰이 많다. 하지만 까다롭고 어려운 걸 따질 때가 아니었다. 나는 강 부장이 원하는 날짜보다 3일 일찍 끝내서 설계 자료를 넘겨주었다.

일주일 후 강 부장한테 전화해서 동작은 잘 되는지 물어보니 몇 가지 보완만 하면 될 것 같은데 전반적으로 잘된 것 같다면서 결제 대금을 송금하겠다고 계좌를 보내달라고 했다. 일 없는 나에게 일도 주고 결제도 한 달 일찍 해준다고 하니 너무 감사한 일이었다.

모르는 전화번호로 전화가 왔다. 전화를 받으니 강 부장의 소개로 전화했는데 PCB 설계가 가능한지 물어보았다. 새로운 칩은 설계가 까다로워 다른 곳에 설계 의뢰하면 보드가 오동작할 수 있으니 강 부장이 가급적이면 나한테 설계 의뢰를 하라고 했다는 것이다. 강 부장이 나 대신 영업을 해 준 것이다. 강 부장의 회사가 신규로 들여온 IC는 LCD 모니터 회사들한테는 획기적으로 저렴한 칩이라서 원가절감을 해야 하는 제조업체들이 서로 사용하겠다고 했다. 그때마다 강 부장은 설계가 까다로우니 우리에게 꼭 하라고 했다. 나는 갑자기 일이 늘어나 과로를 걱정할 정도였다.

첫 거래가 힘들어서 그렇지 거래가 된 회사들은 내 실력을 인정했고, 그 이후의 다른 설계 건도 의뢰가 들어오기 시작했다. 강 부장 덕분에 나는 안정된 고객사를 다수 확보할 수 있었다. 그 고객사들이 또 다른 고객사를 소개해서 나 혼자 감당이 안 되었다. 그래서 직원을 채용해야겠다는 생각이 들어서 구인 구직 사이트에 광고를 올렸다. 그동안 영업하는 방법을 몰라서 헤매던 시절이 있었나 싶을 정도로 바쁘게 변했다.

모르는 불특정 다수를 상대로 영업을 할 수도 있으나 내가 알고 지내던 사람들부터 만나서 내가 사업을 시작했다는 사실을 알리고, 주변에 소개도 해 달라고 부탁하는 게 먼저라는 걸 알게 되었다. 강 부장을 좀더 일찍 찾아갔더라면 힘든 시기를 좀 덜 보내지 않았을까 하는 아쉬움도 들었다.

석 달이라는 일의 공백은 너무 힘든 고난의 시기였지만 인내하고 기다리는 과정을 거쳐야 한다는 깨달음을 준 시간이었다. 나처럼 영업 방법을 잘 몰라서 시행착오가 많은 시기에 방향이 잘못되면 다시 방향을 잡느라 힘든 시기를 거쳐야 한다. 그때는 피가 바짝바짝 마르고 괜히 사업을 시작했나 하는 후회가 들기도 했다. 비가 오고 나면 땅이 굳듯 사업은 힘든 시기를 인내하면서 기다려야 한다.

만약 일이 없던 시기에 견뎌내지 않고 포기했다면 지금의 나는 없을 것이다. 능력이 있다는 확신이 있다면 기다림은 꼭 필요하다. 산이 높으면 골짜기도 깊듯 일도 항상 사인파 곡선을 그린다. 주체할 수 없이 일이 많을 때도 있지만 어떨 때는 일이 없어서 이러다 큰일나는 것 아니냐고 걱정하게 되는 경우도 있다. 개구리는 높이 뛰기 위해서 살짝 주저앉는다. 일도 마찬가지다. 조바심 내

지 말고 일이 없는 시기는 더 높이 뛰기 위한 재충전의 시간이라

생각하고 기다리면 되는 것이다.

경영의 도면 그리기

초등학교 때는 방학식을 하기 전에 방학에 어떻게 생활할 것인지 하루일과표를 만들었다. 몇 시에 기상해서 어떻게 하루를 보내겠다는 하루 일정부터 방학 내내 어떤 공부를 하고 어떤 책을 읽을 것이라는 장기 일정도 짰다. 하지만 일과표는 대부분 벽에 붙어 있는 요식 행위로 끝나고 말았다. 이런 생활은 초등학교 내내 계속되었다. 중학교에 와서는 조금씩 현실적인 계획으로 바뀌었다. 고교 시절부터는 구체적인 계획을 세우고 실천하기 위해서 나름 열심히 노력했다.

전국에서 공부 좀 한다는 애들만 모인 공업계 고등학교에서 내가 할 수 있을까 하는 의문이 들었지만 고1 때는 한번 해보자는 계획으로 열심히 했다. 결과는 시험성적으로 나왔고 중상위권이었다. 그때 이렇게 하면 되겠구나 하는 자신감을 가지게 되었고 더 열심히 했다. 고2 때는 자격증을 4개 이상 따겠다고 계획을 세우고 4개 모두 합격했다.

공업계 고등학교이니 취업 아니면 대학교 진학인데 집안사정상 취업을 결정했다. 지금도 삼성은 좋은 직장이지만 그 당시에도 최고의 직장이었다. 상위권 학생들은 대부분 삼성에 도전했고 합격했다. 보통 고3 초에 취업할 회사를 결정하는데 나는 고2 가을쯤부터 삼성이 아닌 하이닉스에 도전해야겠다고 마음먹었다. 내 계획대로 합격했고, 하이닉스 입사 동기 대부분은 반도체 생산본부를 1지망으로 지원했지만 나는 모니터 개발에 1지망으로 지원했다. 연수 때 각 사업부 설명을 듣다 보니 반도체가 유망하지만 획일적으로 일하는 생산 파트보다는 개발 쪽이 더 능동적이라는 생각이 들었기 때문이다. 내가 원하는 대로 진행되었고, 개발부에서 열심히 배운 기술이 현재 나의 가장 큰 지적 재산이 되었다.

우리 회사의 가장 큰 고객사로부터 메일이 왔다. 삼성에서 2차 협력업체를 대상으로 경영 컨설팅 지원을 해주겠다는 내용이었다. 삼성과 거래를 하는 2차 협력업체도 그에 맞는 회사의 품격을 갖추게 만들겠다는 의도였다. 비용은 무료이고 못 받을 시에는 왜 못 받는지 구체적인 이유를 적으라고 했다. 메일을 보고 나서 난감했다.

'이건 아예 거절도 못하게 하는 거구나. 바빠서 경영 컨설팅을 못 받겠다고 적을 수도 없고 뭐라고 거절해야 하나?'

생각만 하다가 어쩔 수 없이 지원을 받겠다고 회신을 보냈다. 한 달 후 컨설팅이 시작되었는데 석 달에 걸쳐서 주 1회 컨설팅을 했다. 컨설턴트는 삼성의 퇴직 직원으로 삼성 입사 후 생산파트부터 해외지사장까지 했으며 생산 및 경영 업무까지 두루 경험이 많은 사람이었다. 나도 대기업 출신이지만 나보다 경험이 더 뛰어난 사람이 컨설턴트로 온다고 하니 긴장이 되었다. 첫 회의 때 석 달 동안의 컨설팅 방향이 결정됐다.

10년 넘게 나름 경영을 잘해 왔다고 생각했는데 첫 회의 때에 그 생각이 문제가 있다는 것을 알게 되었다. 10년 동안 경영만 했지 계획을 세운 적이 한 번도 없었던 것이다. 정확히 얘기하면 계획은 있었지만 머릿속에만 있었고 문서로 만들지 않았다. 어린 시절에는 지키지는 않았지만 방학이 시작되기 전 하루일정표라도 짰는데 회사를 경영하면서 경영계획서를 써본 적이 없다는 사실을 확인하게 되었다.

"지금까지는 경영계획서 없이도 경영을 잘해 오셨는데 이제부터는 경영계획을 세우고 일하시면 업무가 더 체계적으로 되고 더욱 발전하는 좋은 기회가 될 겁니다. 지금껏 안 하셨던 일을 하셔야 하기 때문에 조금은 힘들고 어렵게 느낄 수 있을 겁니다. 그런 부분은 제가 최대한 도와드리겠습니다."

"주 위원님께서 그렇게 말씀해 주시니 한결 편안함이 느껴집니다. 사실 대표자 인터뷰 할 때 경영 목표가 뭐냐고 물었을 때 굉장히 당황했습니다. 평소 회사가 추구하고 나가야 하는 방향을 항상 생각하고 그에 맞게 운영했다고 생각했는데 어느 회사나 가면 가장 잘 보이는 곳에 걸려 있는 경영 목표조차 없다는 게 부끄럽습니다. 내가 회사를 너무 주먹구구식으로 운영했구나 하는 생각이 들었습니다."

"중소기업에 가서 컨설팅을 해보면 대부분의 회사가 박 대표님

회사와 마찬가지입니다. 중견기업이 아닌 회사는 대부분 대표님들의 머릿속에만 있고 문서화되어 있지 않습니다. 어렵게 결정하셨고, 이번에 일류 회사로 가는 발판을 마련한다고 생각하십시오."

석 달 동안 대부분의 업무가 문서 작성에 집중되었다. 매주 화요일이 컨설팅 받는 날인데 오전에는 그동안 작성한 문서에 대한 피드백을 받고 오후에는 경영에 대한 강의가 이어졌다. 강의를 바탕으로 다시 문서를 작성하게 되는데 회사의 다른 업무와 겹치다 보니 시간이 부족할 때는 주말에도 출근해서 문서 작성을 했다.

경영 분석 문서 작성 중에서 가장 어려웠던 부분은 우리 회사의 강점, 약점, 그리고 기회와 위협에 대한 스왓SWOT 분석이었는데 시간도 오래 걸렸고 머리가 많이 아팠다. 스왓 분석은 외부로부터의 기회는 최대한 살리고 위협은 회피하는 방향으로 회사의 강점은 최대한 활용하고 약점은 보완한다는 논리에 기초를 두고 있는데 분석을 하고 나니 회사가 어느 방향으로 어떻게 가야 하는지가 글로써 정리되었다.

석 달의 컨설팅으로 나는 큰 선물 보따리를 받았다. 경영 계획, 3개년 경영 목표, 중장기 경영 목표 등 여러 개의 경영 관련 문서를 보유하게 되었다. 매출 목표 계획을 세울 때도 숫자로 명확하게 문서에 적고 나니 목표의식이 훨씬 뚜렷해졌다. 그 외에는 부수적으로 협력업체 관련 서류, 불량률 관련 서류, 재고 관련 서류 등 그동안 주먹구구식으로 운영하던 것이 문서로 체계화되었다.

나는 그 당시 우리 회사와 매출이 비슷한 김 대표에게 컨설팅을 받아보라고 제안했다.

"이번에 경영 컨설팅 무료로 진행해 준다고 연락 온 데가 있는데 한번 받아 보실래요? 저도 처음 받을 땐 엄청 힘들었는데 받고 나니 회사 경영 관리가 시스템적으로 움직이게 되었어요. 처음엔 힘들지만 좋은 기회니까 한번 받아 보세요."

"지난번에 우리 고객사가 경영 컨설팅을 받았는데 컨설턴트가 우리 회사까지 와서 회사 경영을 체계적으로 관리해야 좋은 제품이 나오고 납품한 제품의 불량률이 떨어진다고 하면서 감 놔라 배 놔라 얼마나 간섭을 하던지 너무 힘들었어요. 그때 경영 컨설팅을 받으면 큰일나겠다는 생각이 들었어요. 그냥 안 받을래요."

지금 우리 회사는 김 대표의 회사보다 2배 높은 매출 실적을 내고 있다. 경영계획서를 작성해서 2배로 신장했다고는 볼 순 없지만 매년 계획서를 쓰고 안 쓰고 경영을 하는 건 차이가 날 수밖에 없다. 계획을 세우게 되면 목표치를 달성하려고 노력하게 되고 다음해 계획서 작성 때 작년 계획을 반성하는 기회가 된다. 반면 머릿속으로 세운 계획은 흐지부지될 확률이 크고 반성의 기회도 없다.

올 1월 초 나는 올해 경영계획서를 작성하면서 작년 목표했던 실적보다 초과 수익을 낸 부분에 대해서 만족하면서 스스로 참 잘했다고 머리를 쓰다듬었다.

혁신을 꿈꿔라

어린 시절 대부분을 시골에서 지내다 보니 학교 가는 날 외에는 농사일을 돕는 게 일상이었다. 주말이나 방학을 하면 하루 종일 밭에 나가서 일할 때도 있었다. 나는 부모님이 일을 시키면 처음에는 시키는 대로 하다가 어느 순간 나만의 방식대로 했다. 일의 양은 정해져 있고 빨리 끝내면 놀 수 있는 시간이 늘어나니 일의 효율을 올릴 수 있는 것을 찾아냈던 것이다.

직장생활에 비해 사업을 하면 많은 사람들을 만난다. 고객사와 협력사 대표들, 지인들의 소개로 만나는 대표들, 모임에 나가서 만나는 대표들까지 참 많다. 몇 번의 만남을 가지다 보면 그 사람의 성격이나 성향을 알게 된다. 기존 방식대로 일을 하는 사람이 있는가 하면, 기존 방식은 고리타분하고 타성에 젖어 있고 효율적이지 않다며 새로운 것을 추구하는 사람도 있다. 나머지는 두 가지를 적당히 섞어 놓은 사람일 것이다.

오랫동안 사용되었고 안정적, 실용적이기 때문에 대부분의 사람들은 기존 방식을 추구한다. 반면 기존 방식에 얽매이지 않고 항상 새로운 것을 찾고 도전하는 사람들은 또 다른 새로운 틀을 탄생시키고 유통시키는 개척자다. 개척자는 성공할 수도 있지만 실패할 확률도 상대적으로 높다. 그만큼 위험부담이 크기에 상대적으로 적은 편인 것이다.

내가 하는 IT PCB 설계는 신기술이라는 게 거의 없고 전통적인 방식을 그대로 추구하는 일이다. 그래서 나는 기존 방식을 인정하면서 새로운 것을 지속적으로 추구한다. 전자 IT산업은 빛의 속도처럼 빠르게 성장하는데 무슨 소리 하느냐고 물을 수도 있다. IT 분야의 성장은 소재 및 부품이 빠르게 성장하는 것이지 PCB 설계는 상대적으로 거의 변화가 없다. 다만 옛날보다 반도체 등이 고속으로 동작하기에 거기에 맞게 변경된 설계를 적용하는 것뿐이다.

사람들은 작은 변화는 좋아하지만 큰 변화는 싫어한다. 삽으로만 땅을 파는 사람은 굴삭기는 조정하기도 힘들고 위험해 보이니별로 불편함을 못 느끼고 계속해서 삽으로만 천천히 땅을 판다. 기존 방식을 추구하는 사람들은 새로운 방식을 몰라서가 아니라 새로운 것을 도전했을 때 생기는 알 수 없는 어려움을 두려워하는 것이다.

낮은 레벨의 CAD는 설계자가 선을 일일이 하나씩 그어야 한다. 말이 CAD 설계이지 엄청난 정신노동이며, 마우스 버튼을 몇 만 번 눌러야 끝나는 고된 작업이다. 콘셉트를 잘못 잡아서 가로 방향으로 열심히 깐 10여 가닥을 다 지우고 세로 방향으로 다시 깐다거나, 선을 몇 가닥 더 넣어야 하는데 못 넣는 상황이 되어서 부품을 이동하고 나서 다시 깔아야 하는 상황이 되면 정말 뚜껑이 열린다는 표현이 딱 맞을 정도로 스트레스를 받는다.

기존의 설계 도구는 삽으로 땅을 파는 방식이라면 새로운 도구는 굴착기로 땅을 파는 건데 속도나 효율적인 면에서 굴착기가 훨씬 유리하다. 높은 레벨의 CAD 툴로 바꾸면 삽과 굴착기만큼의 차이가 있다.

높은 레벨의 CAD는 선을 하나씩 깔 수도 있지만 10가닥을 한 번에 잡고 끌어당기면 일정한 가격을 유지하면서 한 번에 깔리는 기능이 있다. 4번째 선과 5번째 선 사이로 선을 주욱 그어 넣으면 세팅된 간격대로 모세의 기적처럼 선이 양옆으로 밀리면서 부품까지 밀어준다.

이런 파워풀한 기능이 있는데 직원들은 도입을 원치 않는다. 기존 CAD는 다 세팅된 포맷을 사용하면 되고 명령체계도 아이콘 한 번만 누르면 끝인데, 새로운 CAD를 쓰려면 세팅만 1시간 이상 걸릴 뿐만 아니라 명령체계도 복잡하고 에러가 생기면 해결하는 데 시간을 다 허비해야 한다. 기존 CAD로도 잘하고 있는데 굳이 변경할 이유가 없다는 것이다. 직원들은 리스크가 너무 많아 보이기 때문에 험난해 보이는 길을 가고 싶지 않은 것이다.

매년 인건비는 일정한 비율로 오르고 있지만 신생 설계업체들은 설계 비용을 더 깎아 주는 방식으로 치열하게 경쟁하고 있다. 나는 새로운 CAD를 도입하면 설계 시간을 반으로 줄일 수 있겠다는 판단을 했다. 직원들은 온갖 핑계를 대면서 반대했지만 결국 나는 도입을 밀어붙였다. 새로운 CAD 시스템 구축은 투자와 노력 없이는 되지 않는다. 툴 자체가 어렵기 때문에 완전 도입은 못 했지만 새로운 CAD와 기존 CAD와 병행해서 하이브리드 식으로 설계하고 있으니 업무 효율이 높아졌다. 설계뿐 아니라 제조 쪽에도 변화된 방식으로 도전했고, 지금은 시스템화가 되어서 마우스 몇 번으로 모든 업무를 하고 있다.

시스템 투자비용을 걱정하는 중소기업 대표들이 있다. 기존 시스템을 활용하면 비용을 많이 들이지 않고 할 수 있다. 우리 회사에 맞게 시스템을 개발한 게 아니니 투자를 많이 안 하려면 기존 시스템을 보완하기 위해서 수고와 노력을 추가하면 된다. 안 된다, 못한다가 아닌 할 수 있는 방법을 찾고 적용하려고 노력한다면 새로운 방법은 얼마든지 있다. 해보지도 않고 안 된다고 하는 사람들은 새로운 것에 도전하려고 하는 사람들보다 더디게 갈 수밖에 없다.

기존 방식으로도 사업을 잘하는 대표들도 있지만 내가 만나는 대표들은 대부분 진보적으로 사업을 해서 성공했다. 그 영광은 남들과 다른 선택을 했기에 따라온 것이라고 나는 믿는다.

최종목표를 세워라

주변 친구들보다 어려운 유년시절을 보내고 현재 기술혁신 중소기업을 운영하고 있는 내 사업철학은 사회복지법인을 만들어 주변의 어려운 사람들을 돕는 것이다. 회사가 돈만 쫓아가면 그 회사는 돈의 노예가 된다. 하지만 회사 이익의 일정 부분을 기부하겠다고 목표를 세우면 더 많이 기부하기 위해서 더 많은 매출을 올리려고 할 것이다.

나는 기부의 원칙을 세웠다. 각종 복지관을 통한 기부는 아동을 지원하는 조건으로 기부한다. 어릴 적 배고픔을 많이 느꼈고 돈이 없어서 사고 싶은 것 못 사고 하굣길에 친구들이 문방구에서 과자를 사 먹을 때 100원이 없어서 맛있게 먹는 모습만 옆에서 바라보았다. 그 서러움을 알고 있기에 어린 시절의 나처럼 살고 있는 아동들에게 후원하고 싶은 것이다. 나중에 사회복지재단을 만들면 그때는 어려운 이웃 전체를 돕는다는 원칙으로 바꿀 생각이다.

가정형편이 어려운 아동에게 도움의 손길을 줘야겠다는 생각을 하게 된 것은 내가 초등학교 시절에 겪었던 일 때문이다. 그날도 다른 날과 같이 시작되었다. 아침 햇살이 동네 앞 동구산 나무를 비출 때쯤 아버지가 그만 자고 일어나서 방에 있는 요강 좀 비우고 마당을 쓸라고 했다. 그리고 형한테는 아침 소죽을 끓여서 소한테 주라고 하고선 마실을 갔다. 엄마는 아직 개량 전인 옛날식 재래부엌에서 아침밥을 짓고 있었다. 검은 가마솥에서는 흰 수증기가 맹렬한 기세를 내뿜었다. 그 밑 아궁이에는 솥을 삼킬 듯한 불이 활활 타오르고 있었다. 뒤편 곤로에는 양은냄비 뚜껑이 덜컹거렸는데 구수한 냄새가 나는 걸 보니 아마도 시래기국을 끓이고 있었던 것 같다.

어느덧 아침상이 차려졌고 아버지는 밥상이 차려졌다는 걸 이미 알았다는 듯 미나리깡을 지나서 들어오고 있었다. 밥상 위에 고봉밥이 차려져 있어 무슨 날인가 하는 의문이 드는 순간 엄마가 말했다.

"오늘부터 점심밥은 없고 아침 저녁만 먹을 수 있으니 든든히 먹어야 한다."

나는 왜 점심밥은 안 주냐고 물었다.

"집에 돈이 없어서 나락을 농협에 전부 수매했어. 가을까지 버티려면 양식을 줄여야 돼."

나와 형은 작년 여름방학 전까지 서울에서 학교를 다니다가 가을 개학에 맞춰 상주로 내려왔다. 포장마차 사업 실패로 아버지는 폭력을 휘둘렀고, 급기야 엄마가 가출을 하는 바람에 상주에 할머니가 있어서 나와 형도 이사를 오게 된 것이다.

상주에 오기 전 아버지가 집을 비우는 날이 많아서 친척들이 돌아가면서 우리 집에 들러 형과 나를 씻겨 주고 빨래도 해 주었다. 전기밥통 안의 밥이 노랗게 될 때쯤 다른 친척이 와서 밥과 몇 가지의 반찬을 해놓고 가곤 했다. 평일은 그렇게 친척들이 챙겨 주었고, 주말에는 허기진 배를 채우기 위해서 부천에 있는 작은아버지 집으로 갔다.

부천에 가려면 꼭 전철과 버스를 타야만 했다. 돈이 없던 우리는 전철 개찰구 근처에서 아이가 없는 중년의 아저씨나 아줌마 뒤를 그들의 자식인 양 졸졸 따라 들어가서 역무원을 속이고 부천까지 무임승차했다. 부천역에서 작은아버지 집까지는 거리가 있어서 버스를 타야 했지만 버스 안내양이 부모가 데리고 온 아이가 맞는지 확인하던 시절이어서 전철역에서 내리면 작은아버지 집까지 걸어갔다. 그래도 부천에 가면 토요일, 일요일은 배불리 먹을 수 있어서 천국에 온 듯했다.

일요일 저녁쯤 우리가 집으로 가려고 하면 작은아버지는 전철표는 꼭 사서 타고 배고플 때 사 먹으라며 형과 나한테 천 원씩 쥐어 주었다. 그 돈이면 맛있는 과자를 더 사 먹을 수 있다고 생각한 우리는 개찰구 앞에서 어김없이 아저씨·아줌마 찬스를 이용했다.

이 추운 겨울에 상주에서 다시 배고픔을 겪어야 한다고 생각하니 앞이 깜깜했다. 나이가 어렸던 형과 내가 할 수 있는 건 아무것도 없었다. 그냥 최대한 활동을 줄여서 배가 빨리 고프지 않기만 바랐다. 한창 클 시기에 우리는 너무나 힘든 겨울을 보내야만 했다.

 가끔 뉴스를 통해 어렵게 자라는 아이들을 보면 더 많은 아동을 후원하기 위해 열심히 달려야겠다는 생각을 한다. 언젠가는 사회복지재단을 만들어 운영할 날이 올 거리고 굳게 믿으면서 묵묵히 나아간다.

컨설팅으로
한 단계 점프하기

10여 년 전 PCB 설계업계 사람들과 자주 만날 때가 있었다. 그 대표들과 명함을 주고받을 때 상대방이 놀라는 경우가 종종 있었다. 당시 우리 회사는 그 업계에서는 다크호스 같은 존재로 빠르게 시장을 확대하고 있던 시기였다. 내가 펼친 전략은 다른 회사와 달리 고객의 입장에서 일을 하다 보니 한번 인연을 맺은 고객은 특별한 문제가 없는 한 계속 일을 이어 나갔다. 우리 회사가 사람들 입에 자주 오르내리다 보니 대표 얼굴을 몰랐는데 내 명함을 받으니 놀라는 것이었다.

회사도 어느 정도 안정되었고, 업무도 시스템에 맞춰 움직여서 동종업계 대표들과의 만남 외에도 외부활동을 많이 하던 시기였다. 친구가 다니던 회사에서 고객 만족 교육을 하던 강사가 외부인을 대상으로 강의를 한다고 해서 강남에 있는 교육장으로 갔다. 회사의 주업무는 설계이지만 고객과 서로 의견을 주고받는 일이 많아 고객 만족 교육은 필요하다고 느껴왔던 터라 좋은 기회라고 생각했다. 오전 수업이 끝나고 점심을 먹어야 하는데 친구가 강사한테 인사도 할 겸 같이 점심을 먹으러 가자고 했다.

"황 원장님, 제가 일전에 말씀드렸던 제 친구입니다. 이 친구가 그 바닥에서는 꽤 유명세가 있는 놈인데 원장님과 케미가 잘 맞을 것 같아서 오늘 강의에 오라고 했는데 잘했죠?"

"잘 오셨습니다. 오늘 좋은 기운 많이 받고 가셔서 고객과 웃으면서 사업을 발전시켜 보세요. 제 대표도 아마 비슷한 연배일 것 같은데 서로 인사하시고 업무적으로 도움을 주고받고 하시죠."

같이 점심을 먹으러 온 수강생 한 명이 명함을 건넸다.

"반갑습니다. 제근우입니다. 옛날에 황 원장님께 고객 만족 관련 컨설팅을 받은 적이 있어서 강의를 들으러 왔는데 IT 쪽에 계신 분을 만나게 되어서 영광입니다. 저는 병원을 상대로 경영 컨설팅을 하고 있습니다. 의사들이 환자 진료만 할 줄 알지 경영은 잘 몰라요. 병원도 회사처럼 경영해야 되는데 잘하지 못해서 신용불량자가 된 의사들도 의외로 많습니다. 저는 작은 의원보다는 중견 규모의 병원 컨설팅을 주로 하고 있습니다."

당시 나는 현재 우리 회사 시스템도 좋지만 같은 시스템으로 계속 가면 한계에 부딪힐 거라는 생각을 늘 하고 있었다. 혁신적인 개혁을 하면 회사가 한 단계 더 발전할 것 같다고 생각하고는 있었지만 방법을 못 찾고 있었다. 점심을 먹는 동안 황 원장은 고객 만족의 중요성에 대해서 음식이 사방으로 튈 정도로 열변을 토하는데도 나는 황 원장의 소리가 들리지 않았다. 그 대신 나도 경영 컨설팅을 받으면 우리 회사도 변화할 수 있지 않을까 하는 생각밖에 없었다.

제 대표와 만난 후 경영 컨설팅이 머리에서 떠나지 않았다. 현재는 회사가 잘나가지만 이것도 한계에 부딪힐 것이고, 변화를 주지 않으면 우리 회사보다 더 잘하는 회사로 고객이 떠날 수도 있다는 생각에 컨설팅을 받아야겠다는 방향으로 생각이 거의 굳어졌다. 병원은 의료 지식을 바탕으로 업무가 이루어지고 우리 회사가 하는 IT는 전기전자 지식을 바탕으로 업무가 이루어지니, 분야가 너무 달랐지만 조금 비틀어서 생각해 보면 둘 다 고객은 사람이라 운영하는 건 비슷할 것이라고 결론내리고 제 대표한테 전화를 걸었다.

"제 대표님은 그동안 병원 전문 컨설팅을 해오셨는데 IT 분야인 우리 회사도 컨설팅이 가능합니까?"

내가 생각했던 대로 제 대표는 병원이든 IT 회사이든 경영은 비슷하다고 하면서 가능하다고 대답했다. 컨설팅은 2주에 한번 만나서 2~3시간 동안 진행하는 방식으로 석 달에 걸쳐 진행했다. 먼저 내가 하고 있는 경영 방식에 대해서 분석하기 시작했다. 제 대표는 그날 컨설팅의 주제에 대해서 간단히 설명하고 질문을 하면 내가 답변하는 형식으로 컨설팅을 했다. 회의가 끝나기 30분 전에는 제 대표가 의견을 정리해서 말해 주었다.

"내가 보통 의사들한테 얘기하면 이건 이래서 안 된다고 하면서 못 하는 이유만 늘어놓거든. 그런데 박 대표는 내가 지금까지 처방해 준 것에 대해서 한 마디 토도 안 달고 한번 해 보겠다 하니 박 대표는 주변의 모든 물을 다 빨아들이는 스펀지 같아."

"아니 이 핑계 저 핑계 대고 안 할 거면 처음부터 컨설팅을 받지도 않았지. 변화를 주고 싶은데 방법을 못 찾으니까 처방을 요청했는데 그걸 거부하는 게 더 이상한 거 아냐? 일단 해 보고 안 되면 거기서 조금 응용해서 다른 변화를 가지는 게 더 좋은 방법이라고 나는 생각해."

3개월간 경영 컨설팅을 받았지만 회사 운영에 획기적인 변화는 오지 않았다. 하지만 경영 컨설팅을 하면서 나온 해법을 제일 많이 녹여낸 부분이 회사 홈페이지다. 기존 홈페이지가 IT 설계 회사라는 것을 보여 주었다면, 개편된 홈페이지에는 우리 회사의 비전과 철학 등을 녹여 냈다. 홈페이지만 보고도 우리 회사의 역량을 알 수 있게 변경한 것이다. 홈페이지가 2~3명의 영업사원 몫을 톡톡히 해내고 있다는 생각이 들었다.

당시에는 인터넷으로 모든 걸 검색하는 시기여서 기존에 내가 하던 방식의 홍보는 낚싯줄 한 개로 물고기를 잡는 격이었다. 하지만 변경된 방식의 홍보는 IT 분야 설계에 대해서 어떠한 조합의 검색을 하더라도 우리 회사가 뜨게끔 하는 저인망 쌍끌이 방식이다. 그것으로 홈페이지에 접속한 고객이 연락을 해 왔다.

이전에는 인터넷 검색창에 'PCB 설계'를 치면 회사가 나오게 했다. 그런데 만약 서울에 근무하는 사람이 서울의 PCB 설계 회사를 찾을 때는 '서울 PCB 설계'로 검색할 것이다. 이때 우리 회사 홈페이지가 '서울 PCB 설계 전문회사'로 나오게 검색어를 등록할 수 있다. '전화기 PCB 설계', '모니터 PCB 설계' 등 등록할 수 있는 단어의 조합은 무궁무진하다.

집안일이 바쁜 부모 때문에 나는 진학이든 취업이든 큰 결정을 대부분 혼자서 했다. 정말 답답하면 친구와 얘기했다. 당시는 인터넷이 없던 시절이고 전화선으로 통신하는 피씨통신도 보급 초기여서 현재와 같이 정보를 접할 수 있는 방법은 거의 없었다. 정말 알고 싶으면 발품을 파는 것밖에 없던 시절이었다. 이런 상황에서 누군가가 옆에서 조언을 해 준다면 그 한 마디는 천군만군을 얻은 기분이다. 지금은 CEO 모임 등 활발한 외부활동을 하다 보니 손 내밀고 도움을 요청하면 조언해 줄 사람들이 많이 있지만 그 당시에 내 주변에는 그런 사람이 없었다.

계속 같은 업무를 반복적으로 하다 보면 타성에 젖어서 혼자서는 돌파구를 찾기 힘든 상황이 많다. 그럴 때는 과감하게 외부의 도움을 받을 필요가 있다. 10년 전에 제 대표한테 컨설팅비로 3천만 원을 지급했는데 규모가 작은 회사여서 컨설팅 결정 당시 비용 부담이 컸다. 하지만 그 이후에 회사의 신규 매출이 증가하면서 빠른 시간 안에 컨설팅 비용을 뽑았다. 10년 전 변경한 홈페이지는 지금도 신규 고객에게 신뢰를 주고 있어서 고객은 꾸준히 증가하고 있다. 제 대표를 만나 좋은 컨설팅을 받았듯이 제3의 도약을 위해 나는 또 다른 컨설턴트를 기다리고 있다.

동업해도 망하지 않는다

회사의 전화벨이 요란하게 울렸다. 전화를 받으니 목소리만 들어도 50대로 느껴지는 중년 남성이 문의할 게 있다고 한다. 이야기를 들어 보니 제품 개발을 해달라는 것이다. 우리는 PCB 설계 아트웍을 하는 회사지만 전화를 한 대표는 보드 전체를 설계해 달라는 것이다.

보드의 회로도 설계가 끝나면 그 회로도로 PCB 설계 아트웍을 하는데 PCB에 대해서 잘 모르는 사람들은 PCB 설계나 보드 설계나 같은 걸로 생각하고 요청하는 경우가 많다. 지금은 보드 설계도 해주고 있지만 얼마 전까지만 해도 거절했다. 고민을 하다가 부산에서 보드 개발 및 공급 사업을 하고 있는 친구 지석이에게 동업을 제안했다.

"요즘 들어 보드 설계를 요청하는 경우가 많네. 지금까지는 보드 설계를 안 한다고 다 거절했는데 그럴 필요가 있나 싶어. 보드 설계 요청을 하는 사람들 대부분이 인터넷 광고에 연결된 우리 회사 홈페이지를 통해서 문의하는데 광고비로 돈은 돈대로 쓰고 거절하는 건 아닌 것 같다는 생각이 들어. 너는 보드 설계를 할 수 있으니 네가 설계 요청 건을 들어보고 설계가 가능하다고 하면 개발 진행을 하고, 이익이 나면 너랑 나랑 투자 비율대로 이익을 나누면 어떨까?"

지석이는 좋은 생각이라고 했고, 이렇게 동업이 시작되었다.

설계 관련 문의 전화 중 PCB 설계 아트웍이 아닌 보드 전체 개발을 원하는 비중이 20~30%였다. 보드 개발을 안 한다고 거절했다면 수익의 기회가 없어졌을 텐데 이제는 20~30% 안에서 일부는 실제 개발로 연결된다. 종종 대량생산으로 이어지는 경우도 일어나고 있다.

다만 시장성이 있어도 보드 개발을 거절하는 경우가 훨씬 많다.

실제로 개발한다고 해도 중국에서 비슷한 보드를 아주 저렴하게 공급하기 때문에 가격 경쟁력이 없다. 개발 보드 생산 수량을 대량이 아닌 소량으로 생산하다 보니 가격이 비싸지고, 비싼 가격으로 국내시장에 내놓으면 소비자들이 외면한다. 그래서 지석이는 보드를 상담해 온 대표에게 정말 그 제품을 시장에 내놓고 싶으면 중국 보드에서 원하는 형태로 기능을 일부 바꿔서 시장에 내놓아 보고 반응이 좋으면 다시 의뢰하라고 알려 준다. 그러나 대부분 다시 전화하는 대표는 없다.

하지만 이번에 상담한 회사는 구리스 기름을 자동으로 주입하는 보드를 개발해 달라고 했는데 지석이가 보기에 가능성이 보인다고 개발해 보자고 했다. 고객사에 개발 비용과 대량생산 할 때의 보드 가격을 제시했더니 보드 당 생산 가격이 그 정도면 구매하겠다고 하면서 구체적인 사양에 대한 이야기는 회의를 통해서 하자고 했다.

우리가 공동 개발한 제품 중에서도 가장 장수하고 있는 보드 개발 업무는 이렇게 시작되었다. 개발 의뢰 회사는 울산에 있는데 그 회사의 제품은 전량 현대자동차 공장에 납품된다. 자동차 조립생산을 위해서는 컨베이어가 움직이는데 컨베이어가 잘 움직이도록 주기적으로 구리스 기름을 쏴주는 보드를 개발하는 것이다. 시장에도 비슷한 제품이 있어서 그 제품을 구매해서 현대자동차에 납품했는데, 이번엔 직접 개발해서 본인 회사의 제품을 납품하고 싶다는 것이다.

몇 번의 회의 끝에 처음 샘플 보드가 나왔고, 개발 의뢰 회사에 전해졌다. 몇 개월의 테스트 과정 끝에 추가 요청사항이 발생했고, 추가 수정을 한 다음 두 번째 샘플 보드가 나왔다. 이런 식으로 네 번의 샘플 보드가 나오고 나서 100장의 보드를 생산했다. 100장은 1년 반 동안 테스트 과정을 거쳤고, 마지막 추가 요청사항을 적용해서 4,000장의 보드를 납품하게 되었다.

지금도 이 보드는 한 번에 4,000장이 생산되는 모델이 되었다. 보통 동업하면 오래 못 가고 깨진다고 알고 있다. 나도 그런 경험이 있지만 지석이와는 10년 이상 보드 개발 동업을 하고 있다. 그 이유는 서로가 돈에 대해서 욕심을 내지 않아서다. 통상 동업을 하면 '저 사람은 나보다 가중치가 낮은데 왜 더 많은 돈을 가져가지?' 하는 의문을 가지게 되고 그게 눈덩이처럼 커져서 깨진다.

돈을 먼저 생각했기 때문이다.

　지석이가 보드 설계를 하면 그 자료로 나는 PCB 설계 아트웍을 할 뿐이다. 고객사에서 개발비를 지불하면 나는 PCB 설계 아트웍 비용만 받고 나머지는 지석이가 가져간다. 그리고 보드가 대량 생산 되고 나면 원가를 정확히 파악해서 남은 이익을 반반씩 나눠 가진다. 이렇게 투명하게 관리하니 서로 욕심을 내지도 않고 오랫동안 동업을 할 수 있었던 것이다. 서로가 숨김없이 투명하게 관리하면 동업도 충분히 가능하다.

작은 대기업 시스템

"10명도 안 되는 회사가 어떻게 이런 시스템을 구축하게 되었어? 회사 내 문서 관리, 업무 분장, 서버 관리, 제품 수주에서부터 발주, 출하 관리 등 모든 게 시스템화 되어 있고 체계적으로 잘 돌아가고 있네?"

성남 CEO 모임의 형님이 물었다.

"첫 직장에서 잘 배워서 그렇죠. 대기업의 시스템을 우리 회사에 맞게끔 바꾼 겁니다."

나는 첫 직장에서 지금 내가 하고 있는 일의 모든 것을 배웠으며 그걸로 사업을 하고 있다. 소기업에 비해 대기업은 한 사람 한 사람이 일을 하는 게 아니라 정교한 기계처럼 시스템화 되어 있고 그 시스템에 의해 움직인다. 몇 만 명이 되는 큰 회사가 주먹구구식으로 일하면 아마 그 회사는 곧 무너질 것이다. 7년 동안 그 시스템을 몸으로 체험했던 것이 지금의 사업에도 묻어 있다.

만약 그런 경험이 없었다면 회사 운영에 많은 차질이 생겼을 것이다. 문서를 회사별, 종류별, 용도별로 구분하지 않고 한 곳에 철을 했다면 문서를 찾아야 하는 상황에서 많은 시간을 허비했을 것이다. 특성, 특기 등을 고려해서 업무 분장을 안 해 놓으면 본인의 전문성을 발휘하지 못한다.

PC 문서나 자료도 회사별, 업무별, 용도별로 큰 디렉토리로 분류하고 큰 디렉토리 밑에 또 세부적으로 분류한 다음 그 자료는 본인만 가지고 있는 게 아니라 모든 사람이 공유할 수 있게 해야한다. 회사 내에서뿐 아니라 세계 어느 곳에서도 접속해서 자료를 공유할 수 있게끔 서버로 관리하는 것이 좋다. 요즘은 저렴하고 소형 서버로 관리를 할 수 있는 장치가 많이 나와 있는데 NAS를 찾으면 쉽게 구축할 수 있다.

형님은 현실적으로 중소기업에서는 그렇게 운영하는 곳이 별로 없고 자신도 중소기업을 다니다가 현재 회사를 운영하고 있지만 직장 다닐 때 제대로 배우지 못했다고 한다. 지금 운영하고 있는 회사는 그나마 컨설팅을 받아서 조금씩 바꿔 나가고 있다고 했다.

나이는 어리지만 토목업계에서 능력을 인정받고 있는 신 대표가 내게 물었다.

"우리 토목 공사와 달리 형님 같은 IT 전자보드 만드는 회사는 부품도 이것저것 많이 들어가고 굉장히 복잡해 보이는데 발주나 재고 관리는 잘 되세요?"

"우리는 ERP를 사용해서 관리하고 있어."

제품 수주에서 발주까지 대기업에서는 수동으로 작업하지 않는다. 전산에 주문을 넣고 시스템을 돌리면 자재 발주부터 생산 지시, 검사 지시까지 한꺼번에 모든 작업지시가 내려진다. 그 지시에 맞게끔 각 부서에서는 일정 협의를 하면 되는데 작은 기업도 그렇게 일괄적으로 처리 가능한 시스템들이 많이 나와 있다. 그 시스템을 적당히 잘 이용하면 실수 없이 정확하게 업무처리가 가능하다. 그 역할을 ERP 시스템이 하는 것이다.

나도 처음부터 ERP를 도입한 건 아니었다. 대기업에서는 잘 만

들어진 시스템을 이용하면 되지만 소기업을 운영하는 나로서는 그런 시스템을 구축한다는 건 꿈도 못 꿀 얘기였다. 이런 저런 핑계를 대면서 못 하는 이유는 100가지가 넘었지만 큰 사건이 터지고 나니 이유가 사라지게 되었다.

조그마한 부품 하나가 없어서 보드 납품을 못 하는 상황이 생긴 것이다. 그 부품은 해외에서 구매해서 재고를 충분히 두고 관리하는 부품인데 갑자기 없다는 것이다. 전화기에 버튼 하나가 없어서 제품을 못 파는 상황과 비슷했다. 납기가 지체되면 납기 지체 보상금도 크지만 무엇보다도 고객사와 신뢰가 깨지기 때문에 납기일은 무조건 지켜야 했다.

평소 직원은 엑셀 파일로 부품 재고를 정리했다. 보드 제작을 하고 나면 부품 사용을 했다고 차감해야 하는데 그걸 깜박하고 안 한 것이다. 엑셀 파일에는 재고가 있다고 나오니 구매를 안 한 것은 당연했다. 전화를 몇 군데 해 보니 해외에 있는 재고가 파악되었다. 이 부품이 없으면 저 큰 보드를 납품하지 못하는 상황이기 때문에 어쩔 수 없이 평상시보다 2배나 비싸게 구매할 수밖에 없었다.

인터넷에 'ERP'를 검색하면 의외로 많은 회사에서 개발을 해서 누구나 쉽게 쓰게끔 되어 있다. 가격도 몇 천만 원에서부터 한 달에 몇 만 원만 내면 되는 다양한 가격대의 프로그램이 있는데 나는 ERP 도입 이전엔 찾아보지도 않고, 비싸고 구축이 힘들다며 스스로 최면을 걸었던 것이다. 한 달에 4만 원만 내면 모든 기능을 다 쓸 수 있다는 ERP를 쓰기로 했지만 막상 써 보니 우리 회사 환경과 맞지 않는 부분이 많았다.

"저희 ERP는 불특정 회사를 상대로 하기 때문에 고객님의 요구사항을 반영할 수가 없습니다. 하지만 저희 ERP는 고객이 쉽게 프로그램을 바꾸어서 쓸 수 있게끔 되어 있는 세미 ERP 구조여서 고객님의 회사의 사정에 맞게 최대한 프로그램 해서 사용해 보세요."

그 회사 직원의 말대로 나는 시간이 날 때마다 ERP 프로그램을 우리 회사 환경에 맞게 변형시켰고, 지금은 10년 넘게 편하게 사용하고 있다. 처음 도입에 반대하던 직원들은 지금은 ERP가 없으면 어떻게 일을 할 수 있느냐며 ERP 없는 세상은 꿈도 못 꾼다고 한다. 나는 작은 대기업을 운영하고 있는 셈이다.

가짜 세금계산서의 유혹

고2 때 좋은 성적을 받고 싶은 욕심에 꼼수를 부리다가 창피를 당할 뻔한 일이 있다. 일본어 시험은 성적 반영에 있어서 100점을 받더라도 전체 성적에 큰 영향을 안 미치는 과목이었다. 당시에는 국영수와 전기전자관련 과목 점수가 큰 비중을 차지해서 그 과목 위주로 공부하다 보니 외워야 할 게 많은 일본어는 시간만 빼먹는 골치 아픈 과목 중 하나였다. 시험 전날 점수 분포가 높은 과목 위주로 공부를 하다 보니 일본어 외우는 걸 다 못 하고 잠이 들었다.

시험 당일 책상 위에 연필로 정말 안 외워지는 몇 가지를 적고 나서 그 위에 필통을 살포시 얹어 놓았다. 일본어 시험이 시작되었고 나름 열심히 풀었다. 시험 보면서 필통을 움직였는데 감독 선생님이 지나가다가 커닝을 위해 적어 놓은 걸 보게 되었다. 선생님은 내 지우개로 커닝 글씨 몇 개를 살짝 지우고 갔다. 부정행위를 알고도 조용히 경고만 하고 지나간 것이다. 나는 놀라서 책상에 적어 놓은 부분을 손으로 쓱 문질렀다. 긴장해서 흘린 땀으로 글씨가 알아볼 수 없게 뭉개졌다. 가슴이 쿵쾅거리고 선생님이 나중에 나를 부르면 어떻게 해야 하나 하는 걱정으로 눈앞이 깜깜해졌다. 시험이 끝나고 선생님은 답안지를 걷으면서 나를 한번 지그시 쳐다보며 옅은 미소를 짓고는 교무실로 갔다. 나는 안도의 한숨을 내쉬면서 다시는 그러지 말아야겠다며 다짐했다.

사실 그 이전에도 커닝 페이퍼를 몇 번 사용해서 점수를 잘 받은 적이 있다. 지금 생각하면 그게 뭐 중요한 시험이라고 1점이라도 더 받겠다고 그런 행동을 했나 싶어 부끄럽다. 하지만 처음 도둑질이 어렵지 일단 발을 들여놓고 나면 끊기 힘들다고 하지 않는가. 습관이 무서운 것이다.

설계와 제조 영업을 하다 보면 전국 곳곳을 다니는 경우가 많다.

대구에 있는 회사에 회의하러 간 김에 대구에서 직장생활을 하는 친구 종수를 만나서 저녁을 먹기로 했다. 종수는 초등학교 동창이자 같은 동네에 살던 절친이다. 회사 구경도 할 겸 종수 회사를 찾아갔다. 한적한 시골에 있는 직원이 몇 명 안 되는 조그마한 기계 가공회사였다. 종수가 사장한테 나를 소개했다. 사장은 무엇에 홀린 사람처럼 인사를 하는 둥 마는 둥 심각한 표정으로 의자에 앉아서 창밖만 바라보았다.

배도 고프고 해서 저녁을 먹으면서 얘기하자며 종수에게 식당으로 가자고 재촉했더니 종수는 현풍에서 제일 유명한 곰탕집으로 데려갔다. 식당 앞 주차장은 꽤 큰데도 거의 만차인 게 맛집 같았다. 식당에 들어가니 30년 넘는 세월 동안 하루도 빠짐없이 매일 끓인 구수한 사골 향이 풍겨 나왔다. 먼저 나온 연두색 파김치와 빨간 무말랭이에 소주잔을 비우다 보니 소꼬리와 머릿고기가 골고루 섞인 모듬수육이 나왔다. 좋아하는 우설을 양념간장에 찍어서 소주와 곁들여 먹었다.

"니네 사장 아까 표정이 뭐 씹은 표정이던데 뭔 일 있냐?"

사장이 몇 년 전에 고물상으로부터 세금계산서를 샀는데 한 달

전에 세무서에서 연락이 왔단다. 어떤 제품을 거래했는지와 세금계산서에 적힌 금액이 실제로 오갔는지에 대해서 증빙을 하라는 내용이었고, 증빙서류 제출일이 오늘까지라고 했다.

종수 회사는 폐기 처분하는 기계를 아주 저렴하게 구매해서 고친 후 다시 비싸게 파는 고부가가치사업이라서 매입은 별로 없고 매출만 높은 알짜배기 사업이다 보니 종소세를 많이 내게 되었다. 이득이 많으니 그만큼 세금을 내면 되는데 사업을 하다 보면 탈세의 유혹을 떨쳐내는 게 쉽지 않다.

사장은 실제 거래가 아닌 가짜로 매입계산서를 샀다. 사장은 고물상에게 5천만 원짜리 가짜 세금계산서를 사면서 수수료 5백만 원을 주었다고 한다. 제품이 오고 간 흔적도 없고 고물상에게 5백만 원만 줬으니 세무서에 증빙으로 제출할 게 없는 것이다. 거래 세무사한테 연락하니 본인도 어떻게 도와줄 수가 없다고 하면서 탈루한 세액도 내야 하고 가산세도 내야 하는데 검찰에 고발되는 경우도 있다고 말했단다. 검찰 고발까지 될 수 있다고 하니 사장은 덜컥 겁이 났던 것이다. 거기에서 끝난 게 아니었다. 그 고물상 외에도 세금을 줄이려고 몇 년에 걸쳐서 가짜 세금계산서를 이곳저곳에서 샀다고 했다. 이번에 제대로 증빙 못 하면 세무서에서 나머지 가짜 세금계산서도 들출 수 있다고 하니 사장은 속이 까맣게 타들어가고 있을 거라고 했다.

나도 사업 초기에 매입 매출을 맞춰야 한다는 강박관념이 있었다. 제조업을 하는 경우 통상 매출 대비 60% 정도 선에서 매입을 맞추면 좋다고 주변 대표들한테 들었기에 그 조건을 맞추기 위해서 노력했다.

"가짜 세금계산서 발행하다가 나중에 걸리면 과태료 많이 나와. 대신 이번에 발주 준 것 1월 초 납품이니까 그것 세금계산서 미리 청구하는 걸로 해서 12월 걸로 발행하면 될 것 같은데 그렇게 하자."

세금계산서는 두 가지로 발행되는데 돈을 주고받는 영수용 세금계산서가 있고, 돈을 받기 전에 먼저 계산서를 발급하고 돈을 청구하는 청구용 세금계산서가 있다. 매입을 60% 선으로 맞추는 게 여간 어려운 게 아니다 보니 사장은 청구용 세금계산서 금액을 가짜 세금계산서로 맞추었던 것이다.

개인사업자는 벌어들인 돈에서 지출 비용을 뺀 금액이 소득이 되고 그 소득에 따라 세금이 달라지는데 소득이 낮을 땐 적은 세율로 세금을 내지만 소득이 높아질수록 세금이 급격히 상승한다.

법인도 개인과 동일하게 소득 산출을 하는데 소득이 2억이 넘으면 소득의 20%, 2억이 안 넘으면 소득의 10%만 내니까 개인이 고소득자이면 세금 면에서는 법인이 훨씬 이익이다. 세금계산서로 매입 매출을 맞추지 말고 법인으로 전환하면 된다. 나는 10년을 개인사업자로 있어서 업력이 아깝다고 생각했다. 개인사업자를 10년 또는 20년 해도 법인으로 전환할 때 법인이 개인사업자의 모든 걸 다 인수하는 조건이면 10년, 20년 경력도 인정해 준다.

세금 많이 내는 것도 기분이 안 좋은데 건강보험, 국민연금 금액도 세금에 비례해서 많이 내게 된다. 그러니 더더욱 세금에 민감하게 반응할 수밖에 없고, 어떻게 하면 세금을 안 낼까 고민하게 되는 건 당연하다.

하지만 종수 회사의 사장은 절세 방법이 잘못된 거다. 그런 가짜 세금계산서를 파는 회사들은 짧은 기간에 어마어마한 가짜 세금계산서를 팔고 수수료만 챙긴 뒤 '먹튀'를 한다. 먹튀 회사는 몇 년 뒤에 세무서가 파악해서 그 회사와 거래한 회사 모두에게 거래 증빙을 요구한다. 가짜 세금계산서 구매 후 몇 년의 시간이 지난 뒤에 증빙 요청이 오게 되니 그 사이에 가짜를 매입한 사람들은 절세가 되었다고 생각하고 매년 가짜를 더 사게 된다. 그러다가 갑자기 증빙 요청을 받게 되면 후회해도 늦어버린 것이다. 가짜 세금계산서를 파는 회사들은 한 번 샀던 사람들을 통해 평판 관리도 따로 한다.

"나도 사 봤는데 괜찮아요. 그 회사는 믿을 만한 회사니까 가짜 세금계산서 사도 돼요."

이런 말만 믿고 사다가는 절세가 아닌 세금 폭탄을 맞을 수도 있다.

지 대표가 남들은 여러 가지 방법으로 세금 감면을 받는데 자기는 세금 감면받는 게 없다고 하면서 우리 회사가 세금 감면 받는 게 있는지 물어보았다.

개인이든 법인이든 절세를 할 수 있는 최고의 방법은 연구소 설립이다. 연구소를 등록하면 중소기업의 경우 연구 및 인력개발 비용에 대한 25%의 세액 공제를 받을 수 있고, 기업부설연구소 용도의 토지 및 건물에 대한 취득세 60% 감면, 재산세 50% 감면,

연구 및 인력개발을 위한 설비투자에 대한 6%의 세액공제 등의 혜택을 제공받을 수 있다. 또한 산업기술 연구 및 개발용품에 대한 연구 목적의 해외제품 수입 발생 시 80%의 관세 감면 혜택까지 받을 수 있다. 제조업 또는 기술 관련 회사를 운영하면서도 연구소를 설립하지 않아서 세금감면 혜택을 받지 않는 건 어마어마한 절세를 놓치는 것이다. 이런 엄청난 혜택으로 절세를 해야지 가짜 세금계산서 매입은 절대 안 된다.

　사람들은 연구소 설립 컨설팅업체가 있을 정도면 어려울 거라고 생각하고, 주변에서 컨설팅을 받고 연구소를 등록했다고 하니 불안해서 업체에 맡기는데 한 마디로 돈 낭비다. 한국산업기술진흥협회에 연구소를 직접 등록하면 된다. 유통업을 하는 곳이면 연구소 등록이 안 되지만 실제 연구 개발을 하는 회사는 무조건 연구소 등록을 하고 세금 감면을 받는 게 절세의 지름길이다.

　"지 대표네 벤처 기업 인증도 있다고 하지 않았어? 벤처 인증 있으면 이번에 공장 사려고 하던 것 취득세와 재산세를 50~75%까지 깎아 주는 제도가 있어. 취득세 만만찮게 나올 거야. 대신 수도권 과밀억제지역에 성남이 들어가는지 추가로 확인해 봐. 거기

해당되면 조금 덜 깎아 주는데 그래도 혜택이 엄청나."

사업 초창기에 벤처 기업 인증을 받으면 세금 감면 혜택이 아주 많다. 그뿐만 아니라 이노비즈 인증기업, 메인비즈 인증기업도 세금 혜택 및 금융관련 등 여러 가지 혜택이 있기 때문에 사업가라면 정부에서 제공하는 혜택은 모두 받는 게 절세다. 세금 관련 절세를 할 수 있는 건 부지런히 찾아봐야 한다.

우스갯소리로 '안 걸리면 절세, 걸리면 탈세'라고 한다. 20년 가까이 회사를 운영해 온 나는 지금도 절세에 대해서 고민에 고민을 거듭한다. 하지만 합법적인 절세를 고민하지 불법 절세는 일절 생각하지 않는다. 불법 절세는 한순간의 달콤함이지 실제로는 나를 천천히 망가뜨리고 죽이는 독약이다.

계란은 여러 바구니에 담아라

2000년 초는 IT 열풍으로 주식 시장의 활황기였다. 주식 시장의 가열로 각 증권사마다 포대기에 아기를 업은 아주머니부터 할아버지, 할머니까지 인산인해를 이루고 있다는 뉴스가 연신 흘러나왔다. 나는 모니터 두 개를 설치해서 왼쪽은 회로도 보는 용, 오른쪽은 PCB 설계를 하는 모니터로 쓰고 있었는데 회로도가 띄워진 화면 아래에는 증권사에서 제공하는 실시간 주식 시세가 보였다. 그 당시 직장인이라면 대부분 이런 식으로 화면 한 귀퉁이에 뜨는 주식 시세를 보면서 실시간 투자를 했다. 나도 여러 회사의 주식을 보유하고 있었고, 같은 직장 동료들도 거의 대부분 주식을 했다.

옆자리의 김 대리가 저녁에 소주나 한 잔 하자고 했다. 무슨 일이 있냐고 물으니 2주 전 친한 친구가 어떤 회사 주식을 추천했는데 대형 호재가 곧 발표될 예정이라고 빨리 사라고 했다고 한다. 그 당시 그 회사는 10일 연속 상승을 하고 있어서 김 대리는 아무 의심을 하지 않고 여윳돈을 모두 끌어다가 주식을 샀는데 얼마 전부터 가격이 계속 하한가를 치더니 지금은 손해를 보고 손절매를 했다는 것이다. 문제는 기존에 가지고 있던 주식까지 다 팔아서 그 회사 주식을 산 것이다.

"계란도 한 바구니에 담지 말고 여러 바구니에 나눠 담으라고 했는데 어쩌려구 한 회사에 몰빵을 했어? 박 상무님이 항상 얘기했잖아. 한 회사 주식만 사지 말고 분산 투자를 해야 한다고. 이미 엎질러진 물이니 빨리 잊어 버려. 또 벌면 되지. 자꾸 생각한다고 없어진 돈이 다시 생기지는 않아. 자, 한 잔 하자."

나도 불도저 식으로 하면 된다는 생각으로 정신없이 사업을 하다가 유통사업의 위기로 2년의 침체기를 겪었다. 2년 동안 힘든 시기를 보내고 다시 시동을 걸 건수를 찾다가 지 대표가 CEO 아카데미에 나가 보기를 권유했다. 힘든 일을 빨리 잊는 방법은 다른 일에 집중하면 된다는 것을 우리는 익히 알고 있었다.

아카데미 입학식 날 다들 처음 보는 사이여서 서로의 명함을 건네며 인사하기 바빴다. 나도 내 옆자리에 앉은 대표와 명함을 주고받았다. 건장한 몸에서 발산되는 페르몬이 남다르다는 느낌이 확 들었다. 명함을 보니 초등학교 시절 TV만 켜면 나왔던 회사 이름이라서 광고 속 그 회사가 맞냐고 물으니 맞다고 했다.

본인 소개 시간과 환영사 등 전체 행사가 끝나고 뒤풀이가 있었다. 어느 모임이나 뒤풀이에 참석해야 서로 빨리 친해진다. 뒤풀이 장소는 강남이지만 주택가 안에 있고 오래된 호프집인지 내부 인테리어가 시골 호프집에 온 듯한 느낌이 들었다. 맥주와 소주가 계속 들어왔고 입학식 때의 경직된 분위기는 어느덧 형, 동생의 분위기로 흘러가고 있었다. 그리고 남다른 페르몬을 풍기는 대표가 우리 기수 회장을 맡기로 했다.

3월 하순 도로 옆에는 노란 개나리가 만개했다. 산에 핀 분홍 진달래가 자동차와 지하철만 타고 도시를 누비는 도시인에게 봄이 왔다는 걸 알려 주었다. 봄기운을 마음껏 느끼며 경기 광주의 공장들 사이를 비집고 들어가니 낯익은 얼굴들이 주차장에 모여서 얘기를 나누고 있었다. 기수 회장의 회사를 방문하기로 한 날이었다.

회장은 제화도 운영하지만 처음에는 페인트 유통 및 마루를 생산하는 사업을 했다. 오늘은 마루 공장으로 견학을 온 것이다. 원목을 가져와서 깎고 페인트 및 코팅제를 바르는 등 여러 개의 생산 공정을 거치면 어느덧 우리들 집 바닥에 까는 나무마루가 생산된다. 소비자의 취향이 달라서 여러 형태의 마루가 쉴 새 없이 만들어지고 있었다. 생산된 마루는 소비자와 직거래는 하지 않고 회사 대 회사끼리만 거래했다.

회장은 공장 소개를 하면서 일부 추가 생산해서 남아 있는 제품이 있는데 오늘 방문한 원우들이 회사나 집에서 인테리어 공사할 때 필요하다면 무상으로 제공해 주겠다고 했다. 원우 회사 방문 후 뒤풀이는 실과 바늘처럼 자연스럽게 진행되었다. 공장 근처 유명한 식당에서 뒤풀이를 하기로 했다.

상다리가 휘어질 정도의 상차림에 이런 자리에 술이 빠지면 섭섭하다는 회장의 말과 함께 소주와 맥주가 한가득 들어왔다. 회장은 각 상을 돌아다니면서 술을 따라주고 받기를 하면서 내가 있는 마지막 테이블까지 왔다.

"오늘 와 줘서 고마워. 건영 대표처럼 젊은 친구들이 열심히 해 주니 우리 2기가 잘 되는 거야. 자, 한 잔 받아."

마지막 테이블이다 보니 회장은 이 테이블에 눌러앉기로 한 것 같았다. 나는 그동안 궁금했던 것들에 대해서 물었다.

"회장님은 페인트 유통회사, 마루 제작 회사, 제화까지 100억 가까운 매출을 내고 있다고 하셨는데 3개의 회사가 대략 30억씩 하는 회사라면 한 개의 회사로 묶으면 100억 하는 큰 회사가 되는데 합치지 않고 나누어서 관리하는 특별한 이유가 있나요?"

"회사 운영 하면서 국세청 조사 한 번도 안 받아봤지?"

소기업을 운영하는 나로서는 당연히 받은 적이 없다. 국세청 직원들이 세무조사를 오는 건 회사에 탈세 혐의가 있거나 또는 정기 세무조사 때다. 세무조사를 나오면 최소 20일 이상 그 회사에 체류하면서 조사한다. 조사 후 세금 추징을 안 하는 회사도 있지만 많은 회사들이 최소한 몇 억의 추징금을 내는 것 같았다. 모임에서 세무조사 받았다고 하면 얼마 맞고 얼마까지 깎았는지 물어

볼 정도로 최소 몇 억씩 추징한다고 나는 알고 있었다.

10억 매출을 하는 회사에 나와서 3억을 추징하면 그 대표는 사업을 못 한다는 얘기를 할 것이고, 추징당한 대표는 국세청에 강력히 항의할 것이다. 그리고 언론에 얘기하면 특종 뉴스가 될 것이다. 그 회사가 탈세를 했다면 세무조사를 받고 추징받는 게 당연하다. 하지만 어느 정도의 매출 규모가 되어야 정기적인 세무조사 대상이 되는 것이다. 털어서 먼지 안 나는 사람은 없다. 회사도 마찬가지로 털어서 먼지 한 톨 안 나올 수는 없다. 사업을 하다 보면 고의가 아닌 세금 관련 실수는 생기기 마련이다. 하지만 정기적인 세무조사가 나오면 이런 실수도 여러 개일 때는 문제가 된다. 매출 규모가 크면 정기적인 세무 대상이 될 확률이 크지만 회사 매출이 적으면 그만큼 조사 대상에서 제외된다.

한 개의 회사로 묶여 있을 때 위기가 온다면 3개의 사업이 모두 위기에 빠질 수 있다. 계란도 여러 바구니에, 주식 투자도 여러 바구니에, 사업도 여러 개의 회사로 분산하면 위기에 대한 대응책이 될 수 있다는 것을 배웠다.

변화의 방아쇠

회사 옥상에서 먼 산을 바라보면서 흰 연기를 내뿜었더니 연기는 이내 허공에서 자취를 감추고 만다. 담배를 입에 물고 왼손으로 아픈 오른손가락을 계속 주물렀다. CAD를 오랫동안 하다 보면 손목터널증후군이나 손가락 류마티스 등의 직업병을 가지게 되는 경우가 있는데 나는 그 정도까지는 아니고 마우스 버튼을 자주 누르는 검지손가락이 욱신거리는 정도다.

직원이 얼마 안 되는 작은 회사이지만 직원과 대표의 관계이다 보니 어떨 때는 관계가 편하지 않을 때도 있다. 설계 일을 하다 보면 나하고 케미가 잘 맞는 회사가 있는 반면, 어떤 고객사는 하는 일마다 트집을 잡거나 재설계를 요청한다. 어쩔 수 없이 잘 안 맞는 고객사의 일을 직원에게 억지로 시키게 되면 그 직원과의 관계가 한동안 편하지 않게 된다.

입에 문 담배 연기가 콧속으로 들어가서 인상을 찡그리고 있을 즈음 이 차장이 담배를 피우려고 옥상으로 올라왔다.

"우리 회사가 이 건물로 온 지 얼마나 되었나요?"

"7년은 넘은 것 같은데……."

"7년에 월 임대료 120만 원씩 계산하면 1억 넘게 줬네요. 그 전 건물까지 합하면 그동안 적지 않은 금액이 임대료로 나갔군요. 그 돈이면 공단 지식산업센터 작은 평수를 대출받을 수 있을 텐데요? 우리도 그곳으로 갈 수 있지 않을까요?"

사람은 오랜 시간을 한 곳에 지내다 보면 어떤 일에 대한 행동이 당연하게 느껴지고 변화에 무감각해진다. 그런 변화는 스스로 자각하기 힘들다. 누군가가 변화의 방아쇠를 당겨 줘야 하는 것이다.

이 차장의 말에서 그런 느낌이 들었다. 그동안 임대료를 내면서 사업하는 게 너무나도 당연하다는 생각을 해왔다. 10년 넘게 사업하면서도 자가 건물을 구입해야겠다는 생각을 나는 왜 못 했을까?

벼룩은 1미터를 넘게 뛸 수 있다고 하지 않는가. 그런 벼룩을 작은 유리병에 담아 두면 처음엔 1미터를 뛰려고 하다가 계속 부딪치고 아픔을 느끼면 병의 높이만큼만 뛴다고 한다. 내가 그런 케이스였다.

"울 회사 이 차장과 담배를 피우다가 안 사실인데 내가 임대료만 1억을 넘게 냈더라고. 지 대표도 사업을 시작한 지 6년이 넘었을 것 같은데 거긴 여기보다 더 비싸니까 만만찮은 임대료를 냈을 것 같아. 우리 이번 기회에 공단 안에 있는 지식산업센터 작은 평수라도 알아보면 어때?"

지 대표는 이미 지식산업센터에 입주해서 사업을 하고 있어서 지식산업센터만 중개하는 공인중개사 몇 명을 알고 있었다. 그 사람들과 만나서 얘기하다 보니 내가 낸 임대료와 은행 찬스를 쓰면 충분히 자가 건물 매입이 가능하다는 걸 안 순간 나는 속으로 '이 바보 멍충이!'라고 자책할 수밖에 없었다. 은행 이자는 내가 내는 임대료보다 훨씬 저렴했다.

여러 군데 공장을 보고 최종 결정은 공단 안에서 가장 큰 규모의 N사 지식산업센터로 결정했는데 고민중이던 지 대표도 N사로 결정했다고 한다. N사 건물은 4개 동으로 구성되어 있어서 세대수가 가장 많다 보니 다른 지식산업센터보다 평당 관리비가 반밖에 안 된다. 나는 이곳을 1순위로 정했지만, 지 대표는 여유자금 문제로 다른 곳을 고민하다가 내가 관리비도 무시 못한다는 말에 N사로 결정했다. 관리비가 20만 원만 줄어들어도 1년이면 240만 원이 되고, 10년이면 2천400백만 원이다. 적지 않은 돈이기에 관리비도 중요한 고려사항이다.

임대 기간을 갱신할 때가 되면 물가상승률을 감안해서 임대비를 올리는 것을 당연하게 여기던 시절이라 갱신할 시기가 오면 건물주와 마주치지 않기 위해서 일부러 피해 다닌 적도 있다. 자가 건물로 매입해서 이사를 온 지금은 건물주를 피해 다닐 일도 없고 임대료 인상 문제로 이사를 가야 하는 일도 안 생기니 좋다.

변화의 방아쇠는 내가 스스로 느끼고 당기면 제일 좋다. 하지만 스스로 알아차리기가 쉽지 않다. 타성에 젖어서 생활하기 때문이

다. 누군가가 한번 던진 말을 그냥 흘릴 수도 있지만 그걸 알아차
리는 것도 그 사람의 능력이고 복이다.

선택의 과부하가 왔을 때

　3번국도 양옆 논의 벼들이 누렇게 익어서 고개를 푹 숙이고 있었다. 손을 뻗으면 고개 숙인 나락이 손에 닿을 듯했다. 큰 도로에서 나와 작은 샛길로 들어서니 '전라도식 보리밥'이라고 적힌 간판이 저 멀리 보였다. TV에도 나온 맛집이라 그런지 나무로 된 문 앞에서 사람들이 기다리고 있었다. 강원도에서나 볼 수 있는 너와 지붕이 보이고 푸른 잔디와 소나무가 보기 좋게 잘 심겨진 정원에는 꼬맹이들이 뛰어다니고 있었다. 맞은편엔 옛날에 운영하던 허름한 식당이 있는 걸 보니 맛집이라고 소문난 이 집은 돈을 꽤 번 모양이었다. 얼마 전에 신축한 이 건물은 특히 정원 및 건물에 신경을 쓴 흔적이 보였다.

일행이 있다고 종업원에게 얘기하니 들어가서 찾아보라고 한다. 밖에서 사람들이 대기할 정도이니 식당 안도 사람들로 꽉 차 있어서 만나기로 한 사람을 찾기가 쉽지 않았다. 두리번거리는 나를 김 대표가 먼저 알아보고 손을 흔들었다.

"박 대표는 뭘 먹을 거야? 난 곤드레밥도 먹고 싶고 보리밥도 먹고 싶은데 결정하기가 쉽지 않네? 모든 음식이 2인분 이상이라고 하는데 결정 못 하겠다. 박 대표가 시키는 대로 먹을게."

"뭘 고민하세요? 이 집 이름이 곤지암보리밥이잖아요. 보리밥이 대표 음식인데 당연히 보리밥이죠. 여기요! 보리밥 정식 2인분 주세요."

김 대표는 평소에도 결정을 잘 못하는 결정 장애를 가지고 있다. 여러 가지 후보를 정해 놓고 나면 결정을 못 해서 누군가가 대신 결정해 줘야 하는 경우가 많다. 오늘도 음식이 나오기 전에 스마트폰을 쑤욱 내민다. 등산화 3개를 봐둔 게 있는데 결정을 못 하겠다고 한다. 뭐가 제일 고민인지 물으니 기능은 비슷한데 예쁜 걸 고르고 싶다고 해서 내가 보기에 제일 예쁜 걸 골라 주었다. 그러더니 바로 구매한다.

얼마 전 모임에서도 김 대표를 만났는데 결혼 30주년이라고 아내에게 주얼리 세트를 선물하고 싶은데 도저히 못 고르겠다고 하면서 나한테 보여 주었다. 나도 경주마처럼 사업을 위해서 앞만 보고 달렸지 여자를 잘 모르고, 패션용품이나 주얼리 등을 보는 눈은 까막눈이나 마찬가지다. 그래서 마침 옆에 화장품 제조를 하는 여성 대표가 있어서 스마트폰을 보여 주었더니 바로 골라 주었다.

우리는 매일 결정을 해야 하는 삶을 살고 있다. 곰곰이 생각해 보면 거의 모든 상황이 결정의 연속이다. 할지 말지, 갈지 말지, 뭘 먹을지 늘 고민하고 결정해야 한다. 짬뽕과 짜장면 중에서 고민하는 사람이 많으니 '짬짜면'이라는 메뉴까지 나왔다. 하지만 거기서 끝이 아니다. 짬짜면을 먹을지 짬볶음밥을 먹을지 또 결정해야 한다.

막상 결정을 내리려고 하면 이래서 안 되고 저래서 안 된다는 이유가 달린다. 이러면 합리적인 결정을 내리기 어렵다. 그런 상황에서 유용하게 써먹을 수 있는 방법이 있다. 화이트보드 중간에 세로로 줄을 긋는다. 그리고 양옆으로 새로운 프로젝트를 시작했을 때 해야 할 이유와 안 되는 이유를 포스트잇에 구체적으로 적어서 편을 갈라서 붙이는 것이다. 그래서 많이 붙은 쪽으로 결정을 내리면 된다. 이 방법은 컨설팅을 받으면서 써 본 방법인데 내가 중요한 결정을 혼자서 내려야 하는 상황에서 자주 사용한다.

회사의 대표로 있다 보면 혼자서 결정해야 하는 경우가 많다. 한 번의 결정으로 큰돈을 벌 수도 잃을 수도 있다. 이런 경우 당신이라면 어떻게 하겠는가? 주변에 경험 많은 사람들의 조언을 듣고 결정하는 것도 좋은 방법 중의 하나다. 그렇지 않은 경우라면 혼자서 결정을 내려야 한다. 이런 상황에서 메모지를 이용해서 붙이다 보면 쉽게 결정할 수 있다. 이 방법이 모두 통하는 건 아니지만 정말 결정 내리기 어려울 때 써먹을 수 있는 방법이다.

살다 보면 대표로서만 아니라 모임의 리더로서, 때로는 집안의 가장으로서 중요한 결정을 내려야 하는 경우가 많다. 이때도 머리 싸매고 어떻게 할지 고민만 하지 말고 냉정하게 진행했을 때와 안 했을 때를 나누어서 포스트잇을 붙이다 보면 어느 순간 결정이 난다.

그래도 결정을 못 하겠다면 메모지 붙인 내용을 정리해서 지인들에게 보여 주면 잘 모르는 상황이라 당황해할 수도 있겠지만 진행했을 때와 안 했을 때의 상황을 정리한 것이니 제3자의 입장에서 반드시 이야기해 줄 것이다. 메모지의 내용이 객관적이라고는 볼 수는 없지만 내용을 적다 보면 어느 순간에 했을 때의 좋은 점과 안 했을 때의 좋은 점이 주관에서 객관으로 바뀌는 마법을 경험하게 된다.

F1 키를 누르자

CAD 설계에 조언자 역할을 하는 게 있는데 F1 기능이다. CAD 는 명령체계가 복잡하게 되어 있어서 그 기능을 모두 알 수 없다. 일부 기능만을 쓰는데 가끔 쓰는 명령은 혼돈스럽다. 그때 F1을 누르면 명령에 대한 상세 설명이 나온다. 사회에서의 조언자들은 경험이 나보다도 많기에 사업에 도움이 많이 된다. 사업을 한다면 주변에 최대한 많은 대표들과 교류하고 그 모임에서 궂은일을 도 맡아서 한다면 나에게 닥치는 가시밭길을 쉽게 빠져나갈 수 있다.

이노비즈 최고경영자과정 14기 입학식 날이었다. 호텔 연회장에 는 50명 가까운 회사 대표들이 참석했다. 대부분의 대표들은 여러 개의 최고경영자과정을 해본 듯 아주 자연스럽게 자기소개를 했다. 내 차례가 오기까지 앞에 5명이 대기하고 있었다. 한 명의 대표가 자기소개를 하고 있었고, 모임에 참석해서 사람들 앞에서 소개하는 시간이 여러 번 있었지만 그날따라 내 소개를 제대로 할 수 있을까 싶을 정도로 가슴이 쿵쾅거렸다. 혼잣말로 내가 소개할 내용을 다시 정리해 보는데 자꾸 말이 바뀌었다.

드디어 내 소개 시간이 왔고, 나는 크게 한숨을 쉬고 아랫배에 힘을 주고 방금 전까지 생각했던 말을 천천히 내뱉었다. 약간의 떨림은 있었지만 차분히 내 소개를 다 마쳤다. 주변을 돌아보니 대부분 나보다 나이가 많은 대표들인데 5명 정도가 나와 비슷한 나이로 보였다. 내 주변의 대표들을 둘러보고 있는 동안에도 10명이 단상에 나가서 한 명씩 자기소개를 하고 있었다. 대부분 자기가 어떤 일을 하는지에 대해서 설명을 하는데 한 명의 대표 이야기에 연회장 안의 대표들이 모두 크게 웃었다.

"저는 2개의 회사 대표를 하고 있는데 첫 번째 회사는 '다해'입니다. 회사 이름과 같이 저희 회사는 어떤 일이든 다 해서 다해입니다. 사업을 하다 보니 필요에 의해서 또 다른 회사를 창업하게 되었는데 모든 일을 다 한다는 뜻에서 '모든다해'로 이름을 지었습니다. 이름처럼 모든 것을 다해야 하니까 여기 오신 대표님들과 좋은 협업이 있기를 기대하겠습니다."

큰 웃음이 터졌고 긴장된 분위기에서 진행된 자기소개가 한결 부드러워졌다. 또 다른 대표가 자기소개를 했다.

"에헤! 앞서 소개한 대표님은 모든 일을 다 하신다고 했는데 저는 현재 대표를 하기 전에 좀 특별한 회사를 운영했습니다. 사채회사를 운영했고, 그 바닥에서는 슬픈 독사로 통했습니다. 지금은 개과천선 했지만 아직도 그 바닥에 인맥이 많으니 혹시 긴급한 자금이 필요하시면 빨리 주선해드리겠습니다."

좌중은 또 한 번 큰 웃음을 터뜨렸다. 50여 명이 자기소개를 했지만 무슨 일을 하는지 기억이 나지 않는데 그 두 명의 대표는 확실히 기억에 남았다.

자기소개 시간이 끝나고 관계자들의 인사말과 축하인사 후 유명강사의 강의가 이어졌다. 강의가 끝나자 사회자가 호텔 옆 호프집에 친목도모를 위한 뒤풀이가 있으니 가급적 모든 사람이 참석해 달라고 당부했다.

나도 사람들과 어울리는 걸 좋아하고 사람들과 친해지기 쉬운 방법은 술자리라는 것을 알고 있기에 당연히 참석했다. 소주, 맥주 등이 나왔고 참석자 중 한 대표가 일어나서 건배사를 했고, 이어서 몇 명 대표들의 건배사가 이어졌다.

그러던 중 처음 건배 제의를 했던 대표가 모임을 하려면 회장이 있어야 하니 회장을 선출하자고 했다. 그러자 옆에 있던 대표가 회장 선출을 제안한 대표가 회장을 하는 게 어떠냐고 제안했고 다른 나이가 있는 대표들이 동의하면서 회장이 선출됐다.

이제 회장을 도와서 실제 궂은일을 할 사무총장이 필요한데 신임회장은 자기소개를 기막히게 한 슬픈 독사 대표를 추천했고, 슬픈 독사 대표도 흔쾌히 봉사하겠다고 응하면서 조직이 완성되었다.

나는 이 모임까지 3개의 최고경영자과정을 이수했다. 일부 대표들은 자신의 사업 확장을 위해서 이런 과정에 참석한다. 내가 모임에서 만난 대표들은 저런 걸로도 사업을 하는구나 하는 생각이 들 정도로 여러 아이템을 가지고 있었다. 나는 사업 확장을 위해서가 아니라 그런 여러 분야의 대표들과 교류하면서 혹시 내가 어려운 일에 부딪히면 그 대표들에게 조언을 얻기 위해서 모임에 참석한 것이다.

모임에 많이 참여하니 더 좋은 정보를 얻을 수 있었다. 모임에서 대표들이 어떤 과정을 겪으면서 현재의 위치까지 올 수 있었는지, 위기는 어떻게 대처했는지 등의 얘기를 들었다. 몇몇 대표들의 이야기는 책으로 써도 될 것 같다는 생각이 들었다. 그런 대표들과 주기적으로 모여서 술잔을 기울이면서 친목도모를 하는 자리가 너무나 소중하게 느껴졌다.

사업을 하다 보면 어려운 결정을 해야 하는 순간들이 끊임없이 생긴다. 대표라는 자리가 돈을 많이 벌 수 있고 외부의 부러움 대상이 될 수도 있지만, 오로지 혼자서 결정해야 하고 그 결정에 대한 책임도 혼자서 져야 한다. 힘든 결정을 할 때 누군가에게 나의 고민을 털어놓는 것만으로도 심적 부담은 크게 줄어들 수 있다. 경험이 많은 사람이 훌륭한 조언까지 해 준다면 더욱 도움이 된다.

사업을 하는 데 있어서 주변에 훌륭한 조언자들이 많으면 많을수록 좋다. 그런 사람들은 사업을 하면서도 만날 수 있고 누군가의 소개를 받아서 만날 수도 있다. 하지만 제일 좋은 방법은 각 단체에서 진행하는 교육에 참석하면 된다. 그런 모임 등에 참석하는 대표들은 대부분 어느 정도 성공했고 경제적으로도 여유가 있기에 사업 확장도 하고 인맥을 쌓기 위해서 오는 것이다. 그런 조언자들이 주변에 많다면 사업을 하면서 겪는 일에 대한 완충지대가 넓어진다.

그리고 젊을수록 모임에 많이 가라고 하고 싶다. 어느 모임이든 젊은 사업가가 참석하면 젊은 사람에게 사무총장 등의 궂은일을 맡을 걸 제안한다. 사무총장이 된다면 자연스럽게 모임의 대표들에게 개별 연락을 하게 되고 그 대표들과 친분을 쌓을 수밖에 없다. 그렇게 쌓은 친분은 자연스럽게 일로 연결되기도 한다.

인생의 데이터시트를
만들어라

보드에 장착된 트랜지스터TR가 전원을 넣자마자 터져 버렸다. 하얀 연기가 조그맣게 피어올랐고, 플라스틱이 탈 때 나는 고약한 냄새가 났다. 박 대리는 나한테 TR의 데이터시트를 찾아오라고 했다. 나는 개발실 중앙에 있는 책장에 가서 제조사에서 제조되는 모든 TR의 데이터시트를 묶어 놓은 데이터북을 찾아보았지만 없었다. 다른 팀에서 책을 가져다 보고선 제자리에 갖다 놓지 않은 것이다. 나는 '어떤 놈이 보고 안 가져다 놨어' 하며 혼잣말로 욕을 하고선 인터넷 검색창에 'KTN2222'을 치니 제조사 홈페이지가 제일 먼저 나왔다. 자료를 출력해서 박 대리한테 전했다.

박 대리는 무엇을 잘못했는지 찾기 위해 열심히 자료를 뒤졌다.

모든 전자부품은 데이터시트를 가지고 있다. 부품의 전기적인 특성과 물리적 특성, 제품도면 등 그 부품의 모든 특성을 적어 놓은 게 데이터시트이다. 전압은 몇 볼트까지 걸 수 있고, 최소 전압은 몇 볼트가 되어야 동작하고, 전류의 최대 허용치는 몇 암페어인데 그 이상이 되면 제품이 파손된다는 등의 내용이 적혀 있다. 부품의 가로 세로 높이와 크기는 어떤지도 적혀 있는데 데이터시트를 보면 그 부품의 모든 걸 알 수 있는 것이다.

자료와 회로도를 열심히 보던 박 대리는 터져 버린 원인을 찾았는데 입력 전압을 잘못 봐서 허용 전압보다 훨씬 높은 전압이 공급되었고, 과전압으로 터져 버린 것이라고 했다. 박 대리는 나에게 새 부품과 전선을 가져 오라고 했다. 그리고 잘못 연결된 선은 칼로 잘라 버리고, 다른 전압을 전선으로 점퍼 날려서 연결하고 전원을 넣으니 이번에는 제대로 테스트 화면이 나왔다.

"우리가 2,000년 전의 저자를 어떻게 만날 수 있겠어요? 책은 저자와 내가 소통을 하는 거예요. 책을 읽으면 2,000년 전의 저자와 내가 대화를 나누는 것과 같은 거라고 보면 돼요."

이노비즈 독서토론회에 참석했을 때 독서토론회장이 즐겨 하는 말이다. 이노비즈 최고경영자과정 독서토론회를 몇 년 전에 알게 되었다. 토론회를 매달 참석하면서 느꼈던 것 중 가장 좋은 점은 책 편식을 안 한다는 것이다. 인문, 고전, 경영, 소설, 건강, 자기계발서, 에세이 등 여러 분야의 책을 한쪽으로 치우치지 않게 읽고 토론한다.

토론회 참석 전 나는 경영이나 자기계발서 위주로만 읽었다. 그런 종류의 책들을 읽으면서 그들의 경험을 내가 간접적으로 배울 수 있는 좋은 기회라고 생각했고, 사업적으로도 도움이 된다고 믿었다. 내가 사업을 하면서 이미 경험한 것도 있지만 그런 종류의 책들을 읽으면서 '아 이럴 땐 이렇게 하면 되는구나'라며 상황에 맞는 지식을 하나라도 더 배울 수 있어서 얼마나 다행인가 하고 생각했다.

경영이나 자기계발서가 아닌 인문 고전도 내 사업에 도움이 된다는 걸 알게 되었다. 몇천 년 전의 사람이나 최첨단 스마트폰으로 모든 걸 다하는 지금의 사람들은 서로 환경만 다르지 심리는 바뀌지 않는다는 것을 느꼈다. 그 시절의 상황을 토대로 배울 수 있는 것이 많으니 인문 고전을 읽어야 하는 것이다.

우리는 사업을 하면서 생각지도 못하는 난관에 자주 부딪히게 된다. 그럴 땐 주변의 도움을 받기도 하고, 스스로 그 난관을 헤쳐 나가기도 한다. 제일 좋은 방법은 경험을 많이 쌓는 것이다. 경험했던 것과 비슷한 난관을 만나면 경험을 응용해서 풀어나가면 된다. 독서는 저자의 경험을 내 경험으로 만드는 손쉬운 방법이다.

책 읽을 시간이 부족하다고 하소연하는 사람들이 많다. 시간이 부족해서 책을 못 읽는 게 아니라 책을 읽고 싶지 않아서 부족하다는 핑계를 대는 것은 아닐까 하는 생각이 든다. 만약에 내가 책 속의 저자와 대화를 나누고 그 속에서 어마어마한 지혜와 경험을 얻을 수 있는데 그 지혜와 경험이 떼돈을 벌 수 있는 방법이라고 하면 시간이 없어서 독서를 못 한다고는 안 할 것이다. 안타깝게도 대부분의 사람들은 떼돈을 벌 수 있는 방법을 책에서 못 찾는 것 같다.

몇 권의 책에서만 찾으려고 하기 때문에 못 찾는 것일 수도 있다. 다독을 하고 토론을 해야 비로소 보이는 것이 있다. 바쁜 사업가

일수록 독서를 많이 해야 한다. 일반인보다 더 많이 난관에 부딪치고 혼자서 외로운 결정을 해야 할 일이 많기 때문이다. 그런 지혜와 경험은 학교 또는 일터에서 배우게 되는데 책은 학교와 일터에서 배우지 못한 경험을 알려 주고 미래에 대한 답을 찾을 수 있게 도와준다. 과거와 미래가 동시에 책 속에 있는 것이다.

운도 열심히 하는 사람한테 오지 열심히 하지 않는 사람에게는 오지 않는다. 보통 인생에 세 번의 기회가 온다고 얘기하는데 난 그 말에 동의하지 않는다. 왜냐하면 현재 잘나가는 기업들이 세 번의 기회만 잘 잡아서 사업하고 있다고 생각하지 않기 때문이다. 기회는 몇십만 번이나 우리의 앞을 지나가고 있는지도 모른다. 그 기회를 잡은 사람은 운이 좋았다고 할 것이고, 잡지 못한 사람은 기회가 지나갔다는 사실조차도 모를 것이다.

기회를 잡는 사람은 누구일까 생각해 보면 매사에 열심히 하는 사람이다. 평상시에 준비가 되어 있는 사람은 그 기회를 놓치지 않는다. 준비는 간단하다. 자기가 속한 분야에서 최고가 되게끔 노력하고 독서토론회처럼 여러 분야의 책을 지속적으로 읽고 토론하면 된다. 데이터시트에 부품의 모든 정보가 담겨 있듯이 책에는 인생의 지혜와 경험이 담겨 있다. 여러 분야의 책을 틈틈이 읽어서 생각의 깊이를 깊게 하면서 자기 분야에서 최고가 되려고 노력하다 보면 우연히 지나가는 기회를 잡을 수 있을 것이고, 주변으로부터 운이 좋다는 얘기를 들을 것이다.

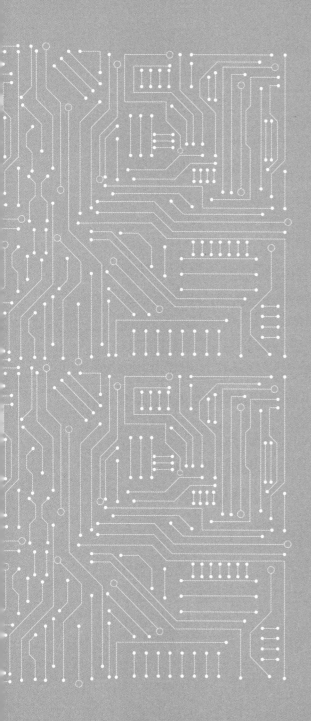

part 2

관계의
회로

사람이 재산이다

　어렵게 수주한 회사의 PCB 설계 후 조립을 했는데 동작하지 않는다고 해서 원인 분석을 위해 보드 한 장을 가지고 회사로 왔다. 반도체 IC에서 사인파 출력이 안 나온다고 하는데 오실로스코프가 있어야 사인파 측정이 가능하다. 대기업에서는 여러 가지 기능을 갖춘 오실로스코프가 수십 대 있지만 다른 계측기에 비해서 가격이 비싸 사업 초기 가끔 사용하는 오실로스코프에 투자하기가 힘들었다. 현재는 저렴해졌지만 십여 년 전에는 고가의 장비여서 혹시나 고장이라도 나면 낭패를 보기 때문에 다들 빌려 주기를 꺼렸다.

오실로스코프를 빌리기 위해서 평소 알던 대표들에게 전화했더니 역시나 오실로스코프 한 대만 보유하고 있고, 현재 사용하고 있어서 빌려 주기가 힘들다고 했다. 반나절 전화를 했지만 빌리지 못했는데 혹시나 하고 전화한 회사에서 안 쓰고 있는 오실로스코프가 있다고 해서 빌려서 확인해 보니 사인파가 출력되지 않았다. 한참을 보다 보니 부품 하나가 잘못 장착된 게 보였고 그 부품을 교체하니 사인파가 측정되었다.

부품은 빠르게 변화하기에 몇 년이 지나면 사용 못 하는 경우가 있지만, 계측기는 시간이 지나도 사용하는 데 지장이 없다. 다른 회사 프로필을 볼 때면 고가의 계측기를 보유하고 있다고 적혀 있는 회사가 있다. 고객사에서 협력사 회사 현황을 적어 내라고 할 때도 보유 계측기를 적어 내라고 할 만큼 어떤 계측기를 보유하고 있느냐는 것이 그 회사의 능력을 나타내기도 한다. 고가의 장비가 아니더라도 계측기를 많이 보유하고 있다는 건 그 회사의 자산이 많다는 의미로도 해석될 수도 있기 때문이다. 회사에 여윳돈이 생길 때마다 계측기를 구매해야겠다고 생각했는데 이 일을 계기로 전압 전류를 측정할 수 있는 계측기부터 저항 콘덴서 코일 값을 측정하는 계측기, 정밀 전압 발생기, 오실로스코프 등 다양한 계측기를 구매했다. 주변의 대표들이 빌려 달라고 할 때 나는 이것들을 기꺼이 빌려 주고 있다.

 나는 사업을 시작하면서부터 개인 변호사들처럼 모든 일을 혼자서 처리하는 그런 회사가 아니라 나와 같은 능력을 가진 직원들이 다 같이 공동으로 회사를 움직이는 그런 조직을 만들고 싶었다. 나는 다른 직원들에 비해서 설계 경험은 많지만 능력이 우수한 건 아니다. 설계를 하기 위해서는 기본적으로 전기전자 관련 지식이 필요하고 어느 정도의 회로도 이해 능력만 있으면 되니 그후는 경험을 쌓아 가야 한다. 직원들이 설계를 하다가 벽에 부딪히는 경우가 발생하면 내가 알고 있는 경험치를 알려 준다. 출장 등으로 내가 자리를 비운 사이에 스스로 해결 안 되는 문제에 봉착하면 옆의 다른 엔지니어와 서로 상의하면서 해결한다. 서로의 경험치가 다르기 때문에 해결책을 찾을 수 있는 것이다. 그렇게 엔지니어로서의 경험을 조금씩 쌓아 가다 보면 어느 순간에는 전문가라는 소리를 듣는 시기가 오게 된다. 그런 능력을 가진 직원들이 많으면 회사는 스스로 알아서 움직일 거라고 생각하고 있다.

고객사로부터 설계 의뢰가 들어오면 각 직원들의 설계 진척도를 체크하고 그 직원의 설계 능력과 전문성 등을 고려해서 리더가 설계 배정을 하게 된다. 동종업계에서는 대부분 대표가 그 역할을 하고 있다. 하지만 나는 10년 전에 과감히 그 자리를 직원에게 위임했다. 처음에는 직원들끼리의 설계 배정 불만, 불협화음 등으로 리더 직원은 고생을 많이 했다.

"왜 내가 이렇게 스트레스를 받으면서 이 고생을 하고 있지?"

리더 직원은 처지를 푸념하면서 설계 엔지니어의 위치로 돌아가려고 했지만 나는 옆에서 계속 격려했다. 그런 고생의 시간이 어느 정도 지나고 나면 그 직원은 언제 그랬냐는 듯 훌륭한 리더가 되어 있을 것임을 알고 있기에 계속 믿고 맡기는 것이다.

CEO 모임에 나가서 우리 회사 시스템 얘기를 하면 다른 대표들은 이런 나를 걱정한다. 사람을 어떻게 믿고 다 맡기냐는 것이다.

"만약에 그 친구가 그 사업을 들고 나가면 어떻게 할 거야? 그에 대한 대비책이라도 있어?"

"사실 없습니다. 하지만 저는 저희 직원들을 믿어요. 그 직원을 선택한 것도 단기간에 결정한 게 아닙니다. 제가 하고 있는 설계 배정 및 거래처와의 조율 업무를 그 직원에게 맡기기까지 꽤 오랜 시간 검토하고 고민했어요. 물론 최악의 경우도 생각했어요. 그런 상황이 생겼을 때를 위해서 몇 가지의 대처 시나리오도 생각해 놓았어요. 하지만 그게 쓰여지지 않기를 기도하죠."

현재 리더 직원은 너무나도 훌륭하게 업무를 잘 수행하고 있다. 그리고 리더 직원이 업무를 잘 수행하게끔 다른 설계 엔지니어들도 잘 도와주고 있다. 내가 가지고 있는 권한과 책임을 직원들에게 내려주고 나면 나는 그만큼 가벼워지고 더 큰 구상을 할 수 있는 시간이 생기게 된다. 지금 우리 회사는 내가 처음에 구상한 대로 회사의 업무는 내가 없어도 직원들에 의해서 톱니바퀴처럼 딱딱 맞춰서 돌아가고 있다. 이렇듯 직원에 의해서 회사가 움직이기 때문에 직원들은 우리 회사의 가장 큰 자산이자 보배다. 나는 각자의 자리에서 훌륭하게 회사 업무를 진행해 주고 있는 우리 회사 직원들 한 명 한 명에게 감사하고 있다.

CEO 모임에서 정말 여러 부류의 대표들을 만나게 된다. 나보다 규모가 10배 이상 큰 회사를 운영하고 있는 대표가 있는데 그 대표는 아직도 현업에서 일하고 있다. 모임은 보통 저녁식사를 겸해서 진행하게 되는데 그 모임에 매번 지각을 한다. 그 이유는 간단하다. 업무가 다 끝나지 않아서 마무리하고 오느라 늦었다는 것이다. 중요한 작업은 본인이 챙겨야 마음이 놓이기 때문에 그 업무를 놓지 못하는 것이다. 그러다 보니 매출이 늘어날수록 업무 강도는 더 세진다.

그 대표는 나와는 정반대로 회사를 운영하고 있었다. 그렇다고 내가 회사 설계 관련 업무를 전혀 하지 않는 건 아니다. 매출 추이는 어떻게 되고 있는지, 엔지니어별 설계는 얼마씩 걸려 있는지 등을 회사 전산시스템을 통해서 계속 체크하고 있다. 사소한 문제는 리더 직원에게 최대한 얘기를 자제하고 큰 이슈가 될 만한 사항은 꼭 집어서 얘기하고 있다. 관심과 무관심은 완전히 다른 것이기 때문에 지속적으로 관심을 가져야 한다.

개인적 친분이 있는 대표 중 한 명은 실력이 대한민국 최고라고 칭찬할 정도로 뛰어나다. 그런데 그런 대표한테 치명적인 단점이 있는데 어떤 일로 흥분하게 되면 자기의 감정을 여과 없이 마구 쏟아낸다. 그럴 때마다 직원들이 너무 힘들어하는 모습을 자주 보았다. 그 회사를 방문할 때마다 직원들이 계속 바뀌어 있었다.

그 대표와 식사를 할 기회가 생겼을 때 큰마음 먹고 그동안 하고 싶었던 말을 했다.

"대표님, 링컨이 했던 유명한 연설 아시죠? 직원의, 직원에 의한, 직원을 위해서 일해야지요. 별것도 아닌 일 같은데 그렇게 소리를 지르면 직원들이 누가 버티겠어요? 직원이 한 일에 대해서 흥분되는 일이 생기면 바로 소리 지르지 말고 그 자리를 피해서 속으로 '동해물과 백두산이 마르고'를 부르다 보면 흥분이 가라앉을 거예요. 그때 그 직원을 불러서 조곤조곤 이야기 해보시는 건 어떨까요?"

당근은 항상 필요하다

김 대표는 우리 회사가 성과급제에 특화된 사업인 것 같고 성과급제를 적용하기에 딱 맞는 아이템 같아 보인다며 내부적으로 성과급제 도입을 검토해 보겠다고 했다.

"일당 받고 일하면 이틀 동안 일해야 하는데 돈내기 식으로 하면 하루 만에 다 끝낼 수 있어요. 그래서 저희는 일의 효율을 높이는 방법을 응용해 봤어요. 한 달에 신규 10건은 설계할 수 있는데 전체 설계 금액의 몇 퍼센트를 무조건 급여로 지불하는 시스템을 도입해 보니 12건의 설계가 가능해졌어요. 저희가 하는 CAD 설계는 사람이 직접 하는 일이다 보니 한계가 있어요. 그렇지만 사람이 집중해서 일을 하면 좀 더 많은 양의 일을 할 수도 있을 거라 생각하고 이 방법을 택했던 거죠."

"그런데 박 대표 회사와 달리 우리 회사는 4~5명이 한 팀이 되어서 프로젝트를 진행하고 있어. 그 기간도 상당히 길어서 박 대표처럼 몇 퍼센트를 주는 건 아닌 것 같은데?"

김 대표의 얘기를 들어보니 우리 회사처럼 딱 끊어서 개인당 얼마씩 주기는 힘든 구조였다. 하지만 팀 별로 주면 되겠다는 생각이 들었다. 예를 들면 이번 프로젝트 끝내면 그 금액의 반을 성과급으로 주겠다고 해서 일단 사기를 높이고, 두 번째는 팀장은 몇 퍼센트, 팀원은 팀원의 개인 능력별로 주겠다고 하면 되지 않겠냐고 얘기했다. 물론 내부적으로 퍼센트 별로 불만이 나오겠지만 그건 현명하게 잘 판단해서 서로 조율시키면 될 것 같았다. 구더기 무서워서 장 못 담근다고 '왜 나는 작냐?'는 불만이 무서워서 성과급제를 포기할 필요는 없다고 말해 주었다.

그러면서 먼저 전체 팀으로 성과급제를 도입하지 말고 한 팀 정도만 시범적으로 운영해 보라고 했다. 한 팀이 잘 되어서 프로젝트 일정도 당겨지고 팀원 내부적으로도 만족한다면 추가로 더 검토하면 되고, 내부에서 검토하라고 시키면 이래서 안 된다 저래서 안 된다고만 하다가 허송세월을 보낼 수도 있다고 했다.

사업 초기에 성과급제로 하면 회사도 직원들도 모두 만족하는 시스템이 될 것이라고 생각했다. 하지만 내부적으로 성과급에 대한 여론조사를 했을 때 내가 생각했던 것과 달리 불만만 쏟아졌다. "성과급제는 있으나마나 한 존재다", "뜬구름 잡기 식의 성과급제다", "우리는 일의 노예가 아니다", "성과급제 폐기하고 완전 월급제로 전환해라", "해 떠 있을 때 퇴근하고 싶다", "성과급제 때문에 일이 너무 많다" 등 좋다는 얘기는 한 건도 없었다.

초보 사업가로서 판단이 잘못된 것 같기도 해서 고민했다. 풍선 효과처럼 이곳을 누르면 저곳이 튀어 오르는 것처럼 성과급제를 폐기한다 하더라도 월급제에 대한 불만이 생길 수도 있을 것 같다는 생각이 들어서 직원들에게 더 유리한 쪽으로 성과급을 손보았다. 그러나 직원들은 그 나물에 그 밥이라는 표정들이었다. 하지만 기존보다는 좀 더 많이 받는 시스템이어서 설문조사로 폭발했던 분위기와는 조금은 바뀐 분위기를 느낄 수 있었다.

그 이후에도 성과급제는 조금씩 변경되어 왔는데 지금의 성과급제로 바뀌는 데는 특별한 계기가 있었다. 직원의 아이가 천식으로 인해 서울에서 양평으로 이사를 가야 하는데 출퇴근이 힘들어서 그만둬야 한다는 것이다. 그리고 아이들이 크다 보니 생활비도 모자라서 성과급제에 대한 불만도 있는 것 같아 보였다. 그 직원은 회사 내에서도 설계 능력이 꽤 뛰어난 직원인데 성과급은 조금 조절하면 되지만 가족 건강문제로 그만둬야 한다고 하니 어쩔 수가 없었다.

고민 끝에 파격적인 제안을 했다. 먼저 출퇴근이 문제이니 출퇴근은 고객사와 회의 등 꼭 필요한 경우만 하고 모든 일은 집에서 처리한다. 그리고 기존 성과급제를 완전히 뜯어고쳐서 그 직원이 설계한 매출 금액의 몇 퍼센트를 매달 성과금으로 주겠다고 했다. 그 직원은 조건을 수락했다.

현재는 설계 관련 모든 직원에게 바뀐 성과급제를 적용하고 있다. 다만 설계관련 리더 직원은 가끔 출근하는 직원과 회의나 회사로 걸려오는 문의 등을 받기 위해서 상시 출근을 하고 나머지 직원은 자유롭게 출퇴근을 하고 있다.

출퇴근 자유를 주니 자녀가 어린 여성 직원에게는 자녀 양육에

대한 부담이 줄어들었다. 출퇴근의 자유와 성과급제 확대로 개인
별 매출이 기존보다 늘어난 만큼 회사의 매출도 따라서 증가했
다. 우리 회사가 운영하는 성과급제는 일한 만큼 받아갈 수 있으
니 PCB 설계판 돈내기인 것이다.

페이스메이커와
함께 가라

"내가 투자한 회사에 여윳돈 있으면 1억만 투자해 봐. 나는 5억 투자했는데 지금 해외에서 이 회사에 서로 투자하겠다고 난리가 아냐. 지금 투자하면 해외투자사보다 우위에서 지분을 확보할 수 있으니 이번 기회에 재테크 한번 해봐."

평소 친하게 지내고 있던 김 대표가 5년 전에 투자한 회사가 현재는 제품이 없어서 못 팔 정도로 크게 성장했는데 몇 년 안에 상장을 목표로 추가 투자를 받고 있으니 나도 투자해 보라고 권유했다. 나는 챙겨 줘서 고맙지만 회사의 여윳돈이 그만큼 안 되는 소기업이라고 얘기하면서 일단 거절했다.

다음날 출근해서 회사 자금 및 총무를 담당하는 최 과장에게 투자 얘기를 했다. 그러면서 잉여금이 있으면 회사 이름으로 지분 투자를 해 보면 좋지 않겠냐고 조심스럽게 물었다.

"아무리 친한 분이 투자 권유를 했다고 해도 그렇게 막 투자하시면 안 돼요. 투자하는 회사가 어떤 회사인지 실제로 알아보고, 재무상태도 체크해 보고, 향후 제품의 전망도 꼼꼼히 분석하고 투자해야 합니다. 대표님처럼 오랫동안 아는 친한 분이라고 따지지도 묻지도 않고 투자하다가 낭패 보신 분들 여러 명 봤습니다."

최 과장은 나와 10년째 호흡을 맞추고 있는데 워낙 성실하게 일을 잘해 줘서 자금 쪽은 아예 전권을 다 넘겼다. 모임에 나가서 회사 자금 관리를 직원에게 전부 맡겼다고 하면 나보고 미쳤다고 하는 분들도 많다. 회사의 매출은 좋은 날도 있고 안 좋은 날도 있다. 매출이 안 좋은 달에는 직원들 월급이나 거래처 결제대금 등의 고민을 내가 해야 하는데 내가 해야 할 고민을 안 하게끔 회사의 살림을 잘 챙기고 거래처의 미수금이 발생하면 대신 가서 받아오기도 하다 보니 믿고 맡기게 된 거다.

최 과장은 내가 너무 앞서 나가면 제지하고 뒤처지면 살짝 밀어

주는 경영 부분에서는 나의 중요한 조력자다. 모임을 나가다 보면 투자 권유나 동업으로 새로운 법인을 세워서 해 보자는 권유를 많이 받는다. 이런 투자 권유는 들을 당시에는 투자하면 대박이 날 것 같은 기분이 들고 당장 투자하고 싶은 생각이 든다. 하지만 최 과장과 얘기를 나누면서 투자 권유의 문제점을 하나 둘씩 알게 된다. 최 과장은 내가 이성적으로 생각하고 투자에 대한 결정을 잘하게끔 도와 준다.

최 과장이 내가 하는 일에 반대만 하는 건 아니다. 몇 년 전에는 회사의 매출 추이를 보더니 새로운 회사를 추가로 만들고 매출 일부분을 그 회사로 분할하는 게 어떻겠냐고 조언해 왔다. 다른 모임에서 만난 회장도 나한테 한 적이 있는 얘기였다. 내가 신뢰하니 최 과장은 지금까지 쌓아온 경륜을 우리 회사에서 마음껏 발휘하는 것이다.

보통 직장에서는 상사가 감독자이면서 조력자인데 우리 회사에서는 최 과장뿐만 아니라 회사 직원들 모두가 조력자다. 내 결정이 잘못되었다고 하면 직원들은 대화의 강약 차이만 있지 나에게 조언을 해 준다.

어느 날 외근을 갔다가 회사에 출근하니 정 과장이 얼음봉지를 발바닥에 대고 있었다. 정 과장은 운동을 참 좋아한다. 못하는 운동이 없고 한번 하면 전문가가 될 정도로 열심히 한다. 최근에는 마라톤에 빠져서 기회만 되면 42.195km를 완주한다고 했다.

"어디 다쳤어요? 왜 얼음찜질을 하고 있어요? 괜찮아요?"

계속 묻는 내 질문에 정 과장은 딱 한 마디로 대답했다.

"족저근막염입니다."

마라톤을 해서 족저근막염이 생겼다고 하는데 아프지만 참으면서 마라톤 대회가 있으면 대부분 참가한다고 했다. 마라톤 대회에 참가하는 동호회 회원들 중에 코치도 같이 경주를 하는지 물으니 가끔 페이스메이커 역할을 할 때 경기에 참여한다고 했다.

마라톤은 출발해서 일정한 속도 유지를 하는 것이 가장 중요한데 앞서 뛰던 코치가 속도 관리를 대신해 준다. 코치는 선수보다 앞서 뛰면서 다른 선수들과 부딪히지 않게 길을 만들어 주기도 하고, 공기의 저항도 줄여 주어서 뒤따르는 선수가 훨씬 편안하게 뛸 수 있도록 해 주는 역할을 한다. 11km 지점을 통과할 때 코치는 생수를 대신 가져다 준다. 코치가 연신 시계를 보면서 시간 측정을 하기 때문에 선수가 시계를 보면서 페이스 조절을 안 해도 된다. 선수의 속도가 떨어지고 있다고 느끼면 코치는 속도를 조금만 더 높이자고 다독인다. 풀코스 완주 시까지 코치는 페이스메이커의 역할을 하면서 선수를 격려하고 도움을 주는 것이다.

간신이 많은 나라는 일찍 망하고 예스맨만 있는 회사도 일찍 망하는 걸 우리는 역사에서 익히 봐 왔다. 잘한 건 잘했다고 하고, 못한 건 못했다고 하고, 맞는 건 맞다고 하고, 틀린 건 틀렸다고 말해 주는 조직이 건강한 조직이다. 그렇게 보면 우리는 모두가 페이스메이커인 것이다.

인생의 자판에
백스페이스는 없다

2014년 12월 새로운 뉴스에 목말라하는 언론인에게 몇 달을 이어갈 헤비급 소재가 나타났다. 이륙 준비를 하고 있던 비행기를 되돌렸던 일명 '땅콩 회항 사건'이 발생한 것이다. 이 사건은 몇 달 동안 지겹게 뉴스에 나왔는데 당시 문제를 일으켰던 조 부사장뿐만 아니라 대기업 총수 아내도 갑질을 한 일명 '대기업 총수 집안의 총체적 갑질'이 까도 까도 계속 나왔기 때문이다. 이 사건을 계기로 대기업 총수뿐만 아니라 직장 내 갑질 문화까지도 이슈가 된 큰 사건이었다.

드라마나 영화를 보면 팀원이 내민 결재 내용이 못마땅한 팀장은 결재 서류를 팀원에게 던지면서 "이따위밖에 못해!" 하며 소리치는 경우가 종종 나온다. 내가 사회 초년생 시절이었을 때 대기업 개발실에서도 그런 일이 매주 있었다. 개발팀장들은 매주 월요일마다 개발 담당 이사에게 주간 업무보고를 했다. 그 시간 임원실에서는 오직 개발 담당 임원 한 사람의 목소리만 흘러나왔다. 온갖 욕설을 비롯해서 100미터 밖에서도 들릴 정도의 목소리로 고래고래 소리를 질렀다. 개발 일정을 못 맞춰서 제품 출시일이 늦어지거나 한 달에 몇 만 대씩 생산되는 제품에 문제가 생기면 개발 담당 임원의 책임이기 때문이었다.

하나만 잘못되어도 해고될 수 있는 임원의 위치여서 그랬다고는 하지만 그렇게까지 해야 하나 하는 의문이 들었다. 그 임원이 개발실에 나타나는 것만으로도 공포였는데 눈이라도 마주치면 고양이 앞의 생쥐처럼 벌벌 떨었다. 만약 내가 그렇게 우리 직원들에게 소리쳤다면 어떻게 되었을까? 직원들도 나처럼 공포감을 느꼈을까?

"조 실장님, 어제 얘기한 프로젝트 내일까지 가능한 거죠? 그리고 수정 씨는 이번 주까지 등기소 들러서 지난번 얘기한 서류 준

비해 주세요."

나는 회사를 창립하고 나서부터 직원들에게 반말을 한 적이 거의 없다. 만약 했다면 아마도 회식자리에서 친밀하게 보이기 위해서 가끔 한 게 다일 것이다. 말이라는 것은 쉽게 나오지만 그 파워는 국가 간의 전쟁을 일으킬 수도 있는 힘을 가지고 있다. 한 회사의 대표로서 아무 생각 없이 쉽게 내뱉는 말에 상대방은 상처를 받는다. 그래서 말 한 마디 한 마디 할 때마다 조심한다. 어떻게 하면 조심할 수 있을까? 제일 좋은 방법이 직원에게 반말을 하지 않는 것이다. 직원이 나이가 어리다고, 직위가 나보다 낮다고 반말을 하다 보면 어느 순간 내가 그 사람의 상전이라는 착각을 하게 되고 말도 그렇게 나오기 마련이다.

"형님, 어제는 와이프가 퇴근한 나를 보자마자 펑펑 우는데 왜 우는지 물으니 '왜 서 사장이 시키는 대로 다 하냐'면서 '당신은 배알도 없냐'라고 하면서 계속 우는데 너무 난감했어요."

이 부장은 결혼하기 전까지 서 사장의 개인적인 부탁을 다 들어주었다고 한다. 퇴근하는 길에 집에 이것 좀 가져다 달라, 집에 형광등 교체할 게 있는데 오늘은 접대할 일이 있어서 대신 좀 해달라는 등 아주 사사로운 것들이었다.

그러다 이 부장은 홍콩 주재원으로 파견을 나갔다. 회사 규모가 얼마 안 되는 회사여서 주재원 부인끼리 수다 떠는 티타임을 가졌는데 그때 서 사장 부인이 이 부장이 개인적으로 일을 많이 도와준다고 얘기했다. 이 부장의 아내는 나이 많은 남편이 나이 어린 서 사장의 개인 일을 해주는 게 못마땅하고 자존심이 상했다. 결혼 전 이 부장은 주재원끼리 서로 돕고 사는 걸로 생각했고, 나이는 어리지만 직장 상사의 지시이고 하니 몇 년 동안 개인적인 부탁을 다 들어주었다고 했다.

"내가 볼 땐 공과 사를 구분 못하는 서 사장도 문제가 있지만 이 부장한테도 문제가 있다고 봐. 이 부장하고는 30년 가까이 아는 사이니까 편하게 얘기할게. 서 사장이 또 부탁하면 정중히 거절하도록 해. 그게 이치에도 맞고 와이프 자존심도 챙겨 주는 거야."

우리는 가끔 착각을 하는 경우가 있다. 직원은 회사 일을 같이 하는 동료이지 내 개인적인 일까지 처리하는 심부름꾼이 아니다. 하지만 그런 일로 뉴스가 나오는 걸 종종 본다. 대표와 직원은 사적 관계가 아니다. 동료끼리는 사적 관계가 존재하지만 대표는 직원과 아무리 친해도 사적 관계라고 생각하는 순간 실수할 수 있다.

　나도 내 주변에 있는 사람, 물건, 심지어 동물까지 내 마음대로 제어하고 싶은 생각이 저 밑에 깔려 있다. 그건 나만의 생각이 아니라 인간의 본성일 것이다. 자식을 자기의 소유인 양 마음대로 학대하고, 회사에서는 대표가 직원을, 상사는 아래 직원을, 사회에서는 돈 많고 권력을 가진 자가 그렇지 못한 사람을 본인이 하고 싶은 대로 제어하려고 한다. 이런 게 과해지면 일명 '수퍼 갑'이 되고 대중에게 알려지게 되는 것이다. 갑질은 '내가 너보다 우월하다'는 생각에서 나온다. 상대방도 나와 같은 위치라고 생각한다면 그렇게는 하지 않을 것이다.

　땅콩 회항 사건도, 직원에게 개인적인 심부름을 시키는 것도 모두 직원을 존중하지 않고 아랫사람으로만 생각했기 때문이다. 사람 위에 사람 없고 사람 밑에 사람 없다고 했다. 직원을 고객처럼 대한다면 직원도 대표를 고객처럼 대할 것이다.

　컴퓨터에서는 잘못했을 때 백스페이스로 되돌리면 된다. 하지만 직원에게 잘못한 건 백스페이스로 되돌리기 어렵다.

적당한 거리두기

　오전 내내 모든 직원이 나만 쳐다보는 것 같았다. 어제 면담 겸
저녁식사를 한 김 대리가 출근을 안 한 것이다. 직원들과 면담할
때면 회사 근처 제일 좋은 일식집에서 면담 겸 저녁식사를 하곤
했다. 코스 요리를 시켜 놓고 저녁 반주를 곁들여서 식사하면서
회사생활 하면서 어려운 점이나 개선 요청이 있는지 묻기도 하고
다른 직원들과의 관계 등 입사 2~3개월 동안의 전반적인 부분에
대해서 서로 이야기를 하는 것이다.

　일식당 직원이 새로운 요리를 탁자 위에 계속 가져다 주었지만
김 대리와 나는 술잔만 기울이고 음식엔 거의 손을 대지 않았다.

술을 좋아하는 사람들의 특징 중 하나가 음식은 잘 안 먹고 술만 많이 마시는 경향이 있다. 탁자 위에는 음식이, 탁자 밑에는 소주병이 쌓여 가고 있었다.

"사장님, 전복은 아침에 산지에서 와서 회로 드시는 게 제일 좋은데 소주만 드시지 말고 전복 회도 좀 드세요."

"네. 감사합니다. 음식이 너무 맛있어서 다 먹고 싶은데 배가 너무 부르네요. 전복은 안 먹기가 아깝긴 한데 차라리 죽으로 끓여 주세요. 그리고 그 죽은 앞에 계신 레이디 분께 포장해서 주세요. 김 대리는 꼭 챙겨 가서 내일 이걸로 해장하세요."

요리실장이 참치 뱃살이라면서 회 두 점을 챙겨서 들어왔다. 분홍색 고기에 흰색 얇은 줄이 초코파이의 마시멜로처럼 중간 중간에 일정한 간격으로 들어간 게 얼핏 보면 마블링이 잘 된 소등심처럼 보인다. 그 위에 금가루를 살포시 얹어 놓았는데 자동으로 소주잔이 입으로 향한다.

이어서 뽀얀 연기를 내는 맑은 지리탕과 미니 돌솥알밥이 나왔다. 마지막으로 지리탕과 함께 소주잔을 기울이고 우리는 기분 좋게 식당을 나왔다. 술이 아무리 취해도 2차로 맥주를 마시곤 해서 근처 호프집에서 한 잔 더 하자고 했다. 그 사이에 김 대리 전화기가 요란하게 울렸다.

"오빠, 사장님이 집에 못 가게 해."

남편과 통화를 하던 김 대리는 택시가 지나가자 택시를 타고 혼자 가버렸다. 나는 이 상황이 너무 당황스러워 김 대리한테 계속 전화를 했지만 할 때마다 통화중으로 나왔다. 나도 별 수 없이 택시를 타고 귀가했다. 집에 도착한 나는 만취에 가까웠지만 왜 이런 상황이 생겼나 생각하면서 옷을 갈아입고 있는데 김 대리에게서 전화가 왔다. 그런데 김 대리의 목소리가 아닌 처음 듣는 남자의 목소리가 전화기를 통해 흘러나왔다. 그 목소리는 굉장히 흥분되어 있었다.

"당신이 뭔데 집에 가겠다는 사람을 못 가게 해? 당신 다른 생각 있는 것 아냐?"

다른 생각이라니? 너무 황당했다. 그럴 만한 상황도 아니었고, 그럴 의도도 없었고, 새로운 직원이 입사하면 의례적으로 상담 겸 하는 식사 자리였다고 얘기했다. 그 남자도 술이 취해 있었는지 똑같은 얘기만 반복했다. 나도 고장난 녹음기처럼 그런 게 아니라고 계속 얘기했지만 그 남자는 일방적으로 전화를 끊어 버렸다. 황당한 그 일은 그렇게 끝이 났다.

아침에 일어나니 어제 너무 많이 마신 술로 인해 머리가 아프고 속도 쓰린데 헛구역질까지 났다. 어제 일이 아련히 떠올랐다. 아침에 출근하면 어제 내가 실수를 했는지 물어봐야겠다고 생각하면서 서둘러서 출근했다. 출근 시간 10분이 지나고 30분이 지나도록 김 대리는 출근하지 않았다.

직원들은 김 대리 자리를 한번 보고 나서 나를 쳐다보았다. 나는 '어제 황당한 일을 당했어'라고 얘기하고 싶은데 직원들에게서 풍겨 나오는 느낌 때문에 쉽사리 말을 할 수가 없었다. 김 대리에게 전화를 계속 해 보았지만 전원이 꺼져 있다는 멘트만 나오고 그 멘트도 이제 짜증스럽게 들렸다. 결국 김 대리는 첫날 연락도 안 되고 출근도 안 했다.

같은 여직원인 임 과장이 나에게 어제 무슨 일이 있었냐고 물어보길래 어제의 일을 설명해 주고 남편한테서 전화 온 것도 얘기했다. 어제 면담 겸 식사 자리가 있었다는 건 직원들이 다 알고 있었고 입사 후에 그런 면담을 하는 것도 알고 있었기에 보통 식사하러 가기 전에 직원들은 면담 직원에게 맛있는 것 많이 먹고 오라고 덕담도 해준다. 하지만 김 대리가 출근을 안 함으로써 나도 회사 분위기도 모두 불편한 상황이 되었다.

나는 어제의 일을 거꾸로 맞춰 보기로 했다. 식당 직원이 전복회를 가져다주고 전복죽을 끓여달라고 요청하고 마지막으로 시원한 지리탕에 소주잔을 건배할 때까지만 해도 서로 불편한 상황은 없었다. 그리고 가게를 나와서 간단히 맥주 한 잔 하고 가자고 했는데 남편과 통화 후 가버렸다. 아무리 생각해도 왜 갑자기 가버렸는지 이해가 되지 않았다. 하지만 김 대리는 연락도 출근도 안 하고 있다. 직원들이 입 밖으로 말하지는 않지만 아니 땐 굴뚝에 연기가 나겠냐고 같이 술을 마신 내가 이상한 행동을 했으니까 김 대리가 출근을 안 하는 거라고 다들 생각하는 것 같았다.

아무리 생각해도 분위기는 좋았는데 왜 이런 일이 생겼을까 생각하면서 이틀이 지났다. 김 대리가 없는 이틀 동안 회사의 분위기는 마치 문상객이 한 명도 없는 초상집처럼 조용했다.

3일째는 출근하기가 싫었다. 하지만 내가 안 나가면 더 이상해질 것 같아서 출근했는데 김 대리가 나와서 책상에 앉아 있었다. 김 대리를 보는데 만감이 교차했다. 왜 갑자기 사라졌는지, 왜 출근을 안 했는지 따지고 싶었다.

"사장님, 죄송해요. 연락도 못 드리고 무단결근 한 것 너무 죄송합니다."

"아니에요. 출근했으니까 됐어요."

김 대리가 없는 사이에 임 과장이 김 대리에게 전화해서 회사에 나오라고 얘기한 것 같았다. 하나의 사건이 될 수도 있었던 일은 이렇게 끝이 났다. 김 대리와 나중에 구체적으로 얘기를 나누지는 않았지만 주변에서 나오는 말을 들어 보니 일식집에서 거의 만취 상태로 나오니 한여름의 더운 열기로 취기가 더 올라왔고 몸을 못 가눌 상태까지 갔단다. 술이 너무 취해서 본능적으로 집으로 가려고 하는데 남편한테서 전화가 왔고 내가 안 보내 준다고 말한 것이다. 남편은 몸도 못 가눌 정도로 술을 마신 아내에게 화를 내다가 급기야 나한테까지 전화를 했고, 아내에게는 회사를 그만두라고 하며 출근을 못하게 한 것이었다. 그 사이 임 과장이 지속적으로 나오라고 전화해서 출근하기로 했다는 것이다.

만약 임 과장이 설득을 안 하고 김 대리가 퇴사했다면 직원들은 성추행으로 여직원이 그만뒀다고 생각할 수도 있는 상황이었다.
"배나무 밑에서는 갓끈도 고치지 말라"고 이제는 오해받을 일은
전혀 안 한다. 여직원과 단 둘이서 하는 식사 자리는 만들지도 않
고 꼭 해야 할 일이 있으면 여러 명이 단체로 식사를 한다.

　술을 워낙 좋아하는 김 대리는 그 후 나이가 비슷한 고객사 직
원들과도 거리낌 없이 술자리를 가졌다. 나 대신 영업을 해주는
격이었고, 고객사와의 관계는 더 좋아졌다. 나는 물론이고 다른
직원들한테도 성격 좋은 분위기 메이커였다. 김 대리는 몇 년을
더 근무한 뒤 자녀 문제로 다른 회사로 이직했는데 이직한 회사
의 설계 일부분을 우리 회사에 의뢰하기도 했다.

　한 회사의 대표라면 아무리 직원과 친하더라도 구설수에 오를
수 있는 상황은 아예 만들지 않는 게 현명하다는 걸 비싼 수업료
를 내고 배웠다.

만남엔 준비가 필요하다

정 대표가 화성에 있는 반도체 회사를 소개받아서 첫 미팅을 가는데 반도체 관련 일을 많이 한 내가 같이 가주면 고맙겠다고 해서 정 대표 차를 타고 화성으로 가게 되었다. 정 대표 회사는 일반 전자부품을 해외에서 수입해서 판매한다. 신규로 반도체 장비 관련 부품을 취급하게 되었는데 그 부품을 그 회사에 판매하고 싶어 했다.

반도체 장비 쪽은 처음 방문하는 거라서 그쪽 일을 많이 한 나한테 동행 요청을 하는데 설계 제조를 하는 내가 무슨 도움이 되겠냐고 사양했지만 계속해서 부탁해서 어쩔 수 없이 가게 되었다.

차로 가는 내내 집안 이야기, 자동차 이야기 등 일과는 상관없는 이야기만 하다 보니 방문하기로 한 회사에 도착했다.

　서로 명함을 주고받고 인사를 하는데 방문 회사의 연구소 직원은 별 말이 없는데 구매 직원이 나를 보더니 정 대표와 어떤 관계인지 묻는다. 오늘 회의 당사자는 정 대표이기 때문에 물어보는 건 당연하다. 나는 반도체 관련 보드 설계와 제조를 한다고 간단히 소개하고 자세한 건 시간이 허락된다면 추가로 소개하겠다고 했다.

　정 대표는 10분 간에 걸쳐서 회사 소개를 했다. 옆에서 제3자의 입장에서 들어도 해외의 유명한 회사인 것 같다는 느낌이 들었다. 회사 소개가 끝나고 부품에 대한 소개도 시원하게 잘했다. 그렇게 부품 소개가 끝나자 구매 직원은 가격 등의 간단한 사항만 확인한 반면, 연구소 직원은 기능에 대해서 이것저것 물어보는데 정 대표가 말을 더듬고 대응을 시원하게 하지 못했다. 부품의 기술적인 부분에 대해서 공부가 덜 된 상태로 회의를 진행한 것이다. 오늘 대답을 다 못한 부분에 대해서는 다음번 회의 때 제공하겠다고 하고선 회의를 마쳤다.

차 한 대로 움직인 관계로 내 회사가 있는 성남에서 같이 저녁을 먹기로 했다.

"고마워. 오늘 일부러 시간까지 내서 회의에 참석해 주고. 감사의 뜻에서 저녁은 내가 쏠게."

"아니야. 나도 우리 회사 소개도 하고 설계 관련 일 있으면 연락 준다고도 하니 영업도 하고 좋은 기회였지."

정 대표는 본인 나름대로 기술적인 부분에 공부를 많이 했지만 그런 질문이 나올 줄은 몰랐다고 하면서 공부를 더 하고 갔어야 했다면서 후회했다. 나도 일본계 부품 관련 유통업을 한 적이 있다. 그때 대기업 연구소 직원과 미팅을 하면서 엄청난 수모를 당한 기억이 불쑥 올라왔다.

"이 부품의 유전율이 어떻게 나오는지 아세요?"

"유전율이요? 죄송합니다. 제가 거기까지 준비를 못했습니다. 다음번 미팅 때 꼭 말씀 드리겠습니다."

"아뇨. 오실 것 없어요. 그런 기본적인 것도 모르면서 무슨 부품을 팔겠다고 합니까? 제가 시간이 많아서 나온 줄 아세요? 옆에 있는 김 대표가 하도 부탁해서 나왔어요. 그런데 이런 것도 모르면서……. 부품을 팔려면 제대로 공부부터 하세요."

정 대표에게 나도 비슷한 사례가 있었다는 얘기를 해 주며 오늘 정 대표는 그때의 나보다는 훨씬 잘했다고 격려해 주었다. 내가 부품 유통을 하려고 했을 때는 전기전자 업력이 20년 정도 되어서 어느 정도 지식이 있다고 생각했고, 직원에게 자신 있게 부품 소개를 했는데 생각지도 못한 질문에 답을 못한 것이다.

그 직원은 기본적인 것도 모른다고 수모를 주었지만 그 질문은 부품의 원재료부터 알아야 하는 난이도 상급의 질문이었다. 그 직원은 나처럼 어설프게 부품을 팔려고 오는 회사들이 많으니 일부러 수모를 주려고 어려운 질문을 했던 것이다. 나는 부품을 계속 유통해야 했기에 그 충격으로 일주일 동안 일본 본사로 전문 교육을 받으러 갔다.

대기업 직원에게 수모를 당한 이후에 생긴 버릇이 있다. 나는 미팅을 가기 전에 대화 시나리오에 대한 계획을 세우고 간다. A라는 질문이 던져지면 이렇게 대답하고, B라는 질문이 들어오면 저렇게 대답하겠다고 나름 대비하고 미팅에 참석한다. 중요한 미팅인 경우는 며칠 전부터 준비하고 간단한 미팅이라도 꼭 준비하고 간다. 운전을 하면서도 이런저런 생각을 계속한다.

회로도를 처음 그릴 때는 블럭다이어그램을 먼저 그리는 게 좋다. A, B를 입력 받아서 C로 출력하고, D를 새로 입력하고 C를 가공해서 E로 최종 출력을 내보낸다는 것을 한 장에 쉽게 블럭 형태로 그리는 것이 블럭다이어그램이다. 한눈에 입출력이 보이기 때문에 누가 봐도 쉽게 이해된다. 만약 50장의 회로도에 블럭다이어그램이 없으면 회로도의 입출력을 다 따라가면서 확인해야 하기에 이해도 쉽지 않고 시간 소요도 많이 된다. 노련한 하드웨어 엔지니어일수록 블럭다이어그램을 꼭 그린다. 입출력을 알고 어떻게 처리해야 하는지 설계하는 동안 잊지 않기 때문에 실수를 방지할 수 있다. 회로 설계에도 블럭다이어그램을 먼저 그리는 준비가 필요하다.

준비를 하고 미팅에 나가는 것과 준비 안 한 채 미팅 하는 것은 큰 차이가 난다. 준비한 질문이라면 그대로 하면 되지만 준비가 안 된 질문이 나와도 몇 개의 시나리오를 준비했기 때문에 조금 변형된 답을 하면 된다. 그래서 무조건 준비를 잘하는 게 미팅에 도움이 된다.

헤어지며 나는 정 대표에게 지금 그 대기업 직원과 미팅을 한다면 잘할 수 있을 것 같다고 말해 주었다.

고객의 마음까지 설계하라

지금도 신규 고객사에서 첫 회의를 할 때는 긴장된다. 회의 한 번으로 영원한 고객이 될 수도 있고, 한 번의 회의로 끝날 수도 있기 때문이다. A부터 Z까지 다 할 줄 안다고 홍보하는 것보다 그 회사 제품에 맞는 설계를 해 준다고 홍보하는 게 더 효과적이다. 고객사 입장에서는 우리가 설계 경험이 많아서 모든 걸 설계할 수 있기보다는 고객사의 제품을 이해하고 그에 맞는 설계를 원하기 때문이다.

첫 회의에 가면 보통은 실무자 하고만 회의를 하는 경우가 많지만 작은 회사인 경우는 대표자와 같이 회의할 때가 있다. 흔치 않은 경우지만 회의 할 때 고객사 대표가 실무자에게 핀잔을 주는 경우가 있다. 준비한 자료 외에 추가 자료를 가져 오라고 시켰는데 다른 자료를 가져 왔다든지, 설계 요청에 대한 설명을 잘못해서 대표가 다시 설명하는 경우다. 대표는 그 직원을 한심하다는 듯 쳐다보고, 핀잔을 받은 직원은 고개를 푹 숙이거나 얼굴을 붉히는 등 안절부절못한다.

성남 하이테크에서 제일 큰 지식산업센터를 방문했다. 5월의 따스한 햇살을 듬뿍 받은 정원에 수줍게 핀 빨간 장미가 오가는 손님들과 직원을 맞이하고 있었다. 맞은편에 편의점이 하나 보이고 그 앞에는 빨간 파라솔이 여러 개 있는데 장미와 일부러 세트처럼 맞춰 놓은 듯했다. 오늘 만나는 고객은 회사 홈페이지에 견적 요청을 해서 추가 확인할 사항이 있어서 만나는 신규 고객이다. 1층에서 전화하니 앞에 보이는 편의점 파라솔에서 보자고 했다. 다행히 빈 파라솔이 있어서 자리를 잡고 기다리니 30대 초반으로 보이는 남성이 편의점 앞에서 주위를 두리번거리며 전화를 했다. 곧 내 전화기에 진동이 울리고 나는 전화를 받으면서 손을 흔들어 내 위치를 알려 주었다.

고객은 편의점에서 별이 그려진 커피캔 두 개를 사가지고 왔다. 회사 회의실은 이미 사용중이고 탕비실에 작은 탁자가 있어서 회의가 가능하지만 많은 사람들이 들락거려 회의시 방해가 될 것 같고, 오늘은 봄 햇살이 너무 좋아서 밖에서 보자고 한 것이다. 대신 첫 미팅을 회사가 아닌 밖에서 하자고 해서 미안하다고 한다. 가끔 고객의 회사가 공유오피스일 경우 공용 회의실이 사용중이라 어쩔 수 없이 밖에서 미팅을 할 때도 있다. 경우가 다르지만 봄 햇살을 받으니 소풍을 나온 듯한 기분이 들었다.

첫 미팅은 서로가 모르는 사이이기에 최대한 서로를 존중하면서 대화하는 게 통상적이다. 하지만 야외의 기분 좋은 분위기와는 달리 미팅 내내 상대방 말에 가시가 느껴지고 나에게 화풀이를 하는 듯한 느낌이 들었다. 자세히 보니 눈은 충혈되어 있고, 눈 밑 다크서클이 검게 드리워져 있다.

"야근이 많은가 보네요? 회사생활이 힘들지요?"

"아, 네."

업무를 떠나 관심을 갖고 말을 건네자 방금 전까지 싸늘하게 대하던 상대의 말투가 부드럽게 변했다. 처음 보지만 나한테 이런 얘기를 듣자 고객은 그동안 회사에서 받았던 스트레스를 한참 동안 쏟아냈다. 나도 직장생활을 하면서 상사로부터 이런저런 이유로 많이 혼나고 매일 야근에다 여러 힘든 상황의 연속이었는데 참아냈더니 주변에서 먼저 인정해 주었고 사업까지 하게 되었다고 이야기해 주었다. 그러면서 묵묵히 하다 보면 원하는 게 이루어질 테니 힘내라고 격려해 주었다.

비록 직원이 그 회사를 대표해서 나하고 미팅을 하고 있지만 회사로부터 받은 스트레스가 보인다면 같은 직원의 입장에서 마음을 어루만져 주면 회사 대 회사로서의 인연이 되기 전에 먼저 인간 대 인간으로 친해지게 된다. 그런 관계가 먼저 형성된다면 비지니스는 이전과는 다른 양상으로 흘러간다.

내가 처음부터 이렇게 한 건 아니다. 시행착오를 많이 겪는 초보 사업가 시절 고객과 미팅할 때 업무 얘기만 하고 나면 회의는 금방 끝나버렸다. 그러다 보니 친분을 쌓는 데 시간이 많이 걸렸다. 내가 먼저 내 마음을 살짝 보여 주면 고객도 마음을 보여 주는 경우가 많다는 것을 점차 알게 되었다.

직장 다닐 때 업무 스트레스로 인한 수면장애로 고생한 적이 있다. 약국에서 사 먹는 수면 보조제로도 안 되어서 신경정신과 도움을 받았다. 그때 놀라운 경험을 했다. 의사는 내 얘기를 30분 동안 듣기만 하고 수면 보조제를 처방해 주는 것이었다. 15일에 한 번씩 두 달 동안 총 네 번 내 이야기를 쏟아내고 나니 약의 도움 없이 자연스럽게 수면이 가능했다. 나는 단지 이야기만 했을 뿐인데 해결이 된 것이다.

"힘들지요?"라고 한 마디만 던졌는데 고민을 쏟아낸 그 고객과는 10년이 지났지만 지금도 같이 일하고 있다. 나는 아직도 대표가 아닌 직원과 미팅을 한다면 업무 얘기만 하지 않고 가능하다면 개인적으로 친밀해지려고 노력한다.

사기꾼은 도처에 있다

　1층에서 출발한 엘리베이터는 체중이 발바닥에 살짝 실린다는 느낌이 듦과 동시에 미끄러지듯 움직이더니 어느덧 51층에 도착했다. 강남 타워팰리스의 엘리베이터는 역시 다르다는 것을 느끼며 좌우를 두리번거리면서 5102호를 찾았다. 오늘 방문할 회사는 LED 가로등 관련 중계 컨설팅을 하고 있는 곳이다. 컨설팅 회사 이 대표는 전직 국무총리의 경호실장 출신이고 같이 미팅하는 배 실장은 기업 관련 컨설팅을 전문적으로 해 왔다.

　오늘 미팅의 목적은 내가 중국의 LED 가로등 회사를 많이 알고 본인들이 인터넷을 보고 선정한 모델이 있는데 중국 회사의 업무를 위탁하고 싶다고 했다. 배 실장은 말레이시아 정부를 상대로 로비를 하는 김 대표라는 여성 로비스트를 알고 있는데 말레이시아 정부 총리와 친분이 두터워 말레이시아 정부에서 추진하는 LED 가로등 교체 사업 대부분을 가져올 수 있으니 중국 회사와 가격 협의를 잘해 달라고 했다. 그리고 브루나이공화국의 LED 가로등 교체사업도 전량 수주할 수 있다고 했다.

김 대표가 거의 작업을 다 해놓았고 쿠알룸부르프 시당국에 샘플 제출을 하고 몇 개월 후에 오케이 승인만 떨어지면 일단 1,000개 정도 먼저 설치하고 전국으로 확대 설치를 해 나갈 것이라고 했다. 예상 물량은 1만 개 이상으로 어마어마한 양이었다. 김 대표는 말레이시아 정부를 상대로 일하고, 배 실장은 전북에 있는 가로등 제조업체를 컨트롤하고, 나는 중국업체를 컨트롤해서 전북에 있는 가로등업체 S테크에 납품하면 되는 것이다. S테크에서 김 대표와 배 실장 회사의 커미션은 챙겨서 준다고 하니 나는 중국 회사에서 이익을 챙기라고 했다.

그 당시 서울에 LED 가로등이 설치된 곳은 별로 없던 상황이었고 통상 설치가 된다 하더라도 50개, 100개 단위인데 1,000개,

10,000개나 설치된다고 하니 물량 면에서는 상상을 초월하는 양이었다. 당시 중국의 LED 가로등 회사들이 세계 물량의 대부분을 차지하고 있었는데 왜 중국 제품을 안 쓰고 비싼 한국제품을 쓰냐고 물어보았더니 말레이시아에서 메이드 인 한국 제품을 원하고 있기 때문에 값싼 중국 제품을 수입해서 한국에서는 조립만 해서 판매하면 된다고 했다.

중국 회사에 먼저 용량별로 샘플 견적을 요청하면서 100개의 견적을 요청했다. 그 당시 통상적으로 100개 정도면 큰손으로 통했다. 샘플과 100개 견적을 받고 우리 이득을 추가해서 배 실장한테 건네니 이 가격이면 충분히 수지타산이 맞다고 용량별로 샘플 5개씩을 요청했다. 샘플을 S테크에 전달하고 그 회사에서 완제품으로 만든 후 말레이시아로 보냈다.

그때부터 배 실장은 S테크에 김 대표가 말레이시아 정부 로비를 하기 위해서는 돈이 필요하다며 10억을 요청했다. S테크가 갑자기 돈을 마련할 수 없다고 하자 배 실장은 은행까지 소개하면서 대출을 받게 했다. 그 돈은 배 실장에게 전해졌다.

배 실장이 회사를 이전했다고 한번 찾아오라고 카톡이 왔다. 옮긴 곳은 인천 송도의 고급아파트였다. 의리의리한 거실에 있는 멋진 소파에서 배 실장이 거만한 포즈로 와서 앉으라고 했다. 10억 대부분은 말레이시아로 보냈고, 일부는 배 실장 회사에서 사용해서 공항과 가까운 곳으로 옮겼다고 했다.

샘플을 설치한 곳에서 반응이 좋고 곧 1,000개 주문이 들어올 예정인데 전북 회사로부터 추가 로비 자금이 들어오면 쿠알라룸 프루프 시당국에 로비 자금 넣어 주면 바로 주문하기로 했다고 으시댔다. 지난번에도 로비 자금을 먼저 챙기는 것이 이상하다는 생각이 들었는데 이번에도 추가 로비 자금 운운하는 게 너무 이상했다.

"박 대표가 S테크에 같이 로비 자금 마련하는 것 도와주고 중국 회사에서만 이익 챙기지 말고, S테크에도 커미션 챙기는 건 어때?"

"저희는 그 정도 자금을 굴릴 수 있는 기업이 안 됩니다. 저희는 그냥 조금만 이익 볼래요."

곧 주문이 온다는 것이 1년이 훌쩍 넘었다. 더 이상 진행되는 게 없었다. 전화나 카톡으로 배 실장에게 물어보았지만 곧 된다는 얘기만 계속했다. 지난번 송도아파트에서 좀 저렴한 곳으로 이전했다고 했을 때 이상한 생각이 들었는데 내 생각이 맞았다. S테크는 배 실장과 김 대표한테 20억 가까운 돈을 날렸다. 나도 가로등 샘플비를 날렸지만 더 이상 연류 안 된 게 정말 다행이었다. 'S테크는 몇십 억을 어떻게 저렇게 갖다 줄 수 있었지?' 하는 생각이 들었다. 만약 말레이시아에 1만 개의 가로등이 설치되었다면 뉴스 토픽 감인데 아직까지 그런 뉴스를 접하지 못했다.

"박 대표, 오랜만이네. 잘 지내지? 아직까지 가로등 사업 하고 있지? 이번에 강원도 터널에 LED 등이 들어가는데 견적 확인 좀 해 줄 수 있을까?"

"배 실장님 하고는 더 이상 관계하고 싶지 않은데요."

그러자 배 실장이 갑자기 전화를 끊어 버렸다. 배 실장은 지금도 어딘가에서 사기를 치고 다니고 있을 것이다. 대박을 쫓다 보면 쪽박을 찰 확률이 크다는 걸 S테크를 보면서 느꼈다.

갑질 대처법

벤처 기업에서 같이 근무한 민철 씨가 전화를 해서 민철 씨 회사에서 보드 불량 건으로 회의를 하자고 했다. 민철 씨는 같이 근무한 벤처 기업을 그만두고 LCD 모니터 개발회사에 구매팀장으로 근무하고 있는데 낮에는 거래처의 구매팀장이고, 저녁을 같이 먹을 때는 사회에서 만난 가장 가까운 사이로 형, 동생 하는 사이다.

드디어 회의를 하기로 한 날짜가 되어서 회의실에 지민철 구매팀장, 김 이사, 이 부장, 나까지 4명이 회의를 시작했다.

"박 대표님, 이번 불량 건에 대해서 어떻게 처리해 주실 겁니까?"

김 이사의 질문이 시작되었다.

"저희가 자주 발주하는 협력업체를 소개한 것뿐이고, 그 협력업체와 거래를 하고 안 하고는 김 이사님이 결정하실 사항입니다. 그리고 그 업체에 제품을 맡기면서 발주한 회사가 요청해야지 테스트 요청을 안 해서 생긴 불량 건을 왜 저희 회사가 책임을 져야 하는 거죠? 김 이사님이 기존에 발주하던 회사는 BBT 테스트를 공짜로 해주지 않았을 것 같은데요?"

PCB 기판을 제조하다 보면 전류가 흐르는 수많은 패턴이 기판에 인쇄되는데 그 인접한 패턴이 서로 붙어서 쇼트가 나거나 유관으로 봤을 땐 패턴이 연결되어 있는데 확대해 보면 끊어져 있는 걸 기계장치로 찾아내는 게 BBT 테스트다. 샘플 PCB 발주를 할 때에 BBT 테스트를 요청하면 일정 비용이 추가되고 PCB는 테스트를 해서 양품만 납품하게 된다. 이번에 PCB 생산을 하면서 BBT 테스트 요청을 안 했고 일부 보드에서 패턴 쇼트 불량이 발생했는데 동작이 안 되는 보드에 대한 책임이 우리 회사에게 있다고 책임을 지라고 하는 것이다.

이때 지 팀장이 나섰다.

"발주를 내면서 우리가 테스트 요청을 안 한 것인데 피디씨에게 책임을 지라고 하는 건 무리가 있습니다."

지 팀장이 내 편을 들자 김 이사가 발끈했다.

"지 팀장은 어느 회사 소속입니까? 좋습니다. 이 건에 대해서는 내부적으로 다시 검토해 보겠습니다. 내부 검토 후에 다시 연락을 드리겠습니다."

회사 현관문을 나서자 지 팀장이 따라 나오며 커피 한 잔 하자고 해서 1층에 있는 카페에서 5분 후에 만나기로 했다.

"진짜 아는 놈이 더하네! 아니 그게 우리 잘못이야? 학교 선배가 됐으면 더 잘 챙겨줘야 하는 것 아냐? 김 이사가 여기 오기 전의 회사 팀장이 우리에게 설계를 맡기라고 했는데도 김 이사는 우리를 배제하고 다른 회사에 맡긴다는 거야. 오늘 보니까 아주 최고의 지랄을 떠는 것 같다."

지 팀장은 내가 흥분해서 김 이사를 신랄하게 비판하자 나를 진정시키려 했다.

"형님이 이해하세요. 김 이사가 다른 건 객관적으로 판단하고 처리하는데 형님 건만 이상하게 고집을 피우네요. 아마도 한참 어린 후배인 형님이 사업도 잘하고 설계업계에서 평이 좋으니까 질투를 하는 것 같아요. 이 회사도 오래 못 갈 것 같아요. 김 이사, 이 부장도 월급이 안 나간 지 몇 달이나 되어서 곧 퇴사 예정이고, 저도 이제 이 회사를 곧 떠나 독립할까 생각하고 있어요."

남양유업 본사가 대리점 갑질로 온 언론이 뜨거웠다. LCD 모니터 업계의 PCB 설계를 많이 하는 회사 입장에서 거래처에서 만든 LCD 모니터를 사 달라고 하는데 모른 척하기가 쉽지 않았다. 인터넷에서 찾아보면 저렴하게 살 수 있는데 비싼 가격에 사달라고 하니 더욱 난감했다. 온갖 핑계를 다 되어 보았지만 결국 모니터는 택배로 도착했다. 한 수 더 떠서 모니터 대금은 설계 대금에서 상계 처리를 하겠다고 했다. 이럴 땐 정말 거래를 끊고 쉽지만 목구멍이 포도청이라고 한 개의 거래처라도 더 늘려서 안정적인 매출을 만들어야 하는 입장이니 거래 끊겠다는 건 말도 안 된다. 남양유업처럼 안 팔리는 제품을 협력사에 떠넘기는 갑질 사례는 모임에 나가면 심심찮게 듣는다.

고객과의 갈등 중 최고는 미수금으로 인한 갈등이다. 사업을 하다 보면 어려울 때가 있고 결제 대금을 늦게 줄 수도 있다. 이런 경우는 종종 있을 수 있으나 미수금을 가지고 장난치는 경우가 문제다. 거래처 사장에게 전화할 때마다 회의중이라는 문자만 뜨다가 어렵게 전화가 연결되어서 미수금이 너무 많이 쌓여 있으니 결제 좀 해 달라고 하면 이달 말에 일부를 해 주겠다고만 한다. 말일이 되어도 입금은 안 되고 결제 독촉을 하면 거래처로부터 들어오기로 한 대금이 안 들어와서 그러니 조그만 더 기다리라고 한다. 그 회사와 거래하는 다른 회사에 전화해서 물어보면 나만 못 받은 게 아니다. 거래처 사장은 추가 설계 의뢰를 할 때만 일부 결제를 해 준다. 50만 원 결제해 주고 100만 원 설계를 의뢰하니 미수금은 계속 늘어만 가는 것이다. 사장은 미수금 일부를 상환하면서 추가 발주를 주고 미수금을 전체적으로 더 늘려 나가는 방식으로 협력사를 골탕 먹이는 나쁜 갑질 회사인 것이다.

모임을 나가서 미수금 관련 얘기를 하면 다들 한 마디씩 한다.

"내가 떼인 돈만 다 받았어도 빌딩을 여러 채 샀을 거야."

다들 미수금으로 골치를 썩이고 있는 것이다. 우스갯소리로 이렇게 해 봐라 저렇게 해 봐라 하는데 실제로 그렇게 할 수 없는 정말 우스갯소리만 나오는 상황이 많이 발생한다. 그나마 돈을 받아야 할 사람이 있으면 다행이다. 돈을 줘야 할 대표가 야밤도주하는 경우도 있고, 안타깝게도 사망해서 미수금을 청구할 대상이 없어지는 경우도 있다. 내가 거래한 고객사 중 이름만 대면 알 정도의 큰 회사들도 대표 단독 또는 경리 직원과 함께 회사에 있는 돈을 싹싹 긁어서 야밤도주한 경우가 종종 있었다.

이런 회사와는 낌새가 보이면 더 이상 거래를 안 하는 게 최선이다. 미수금을 최대한 부풀렸다가 야밤도주해 버리는 경우는 손해가 막심하다. 그러니 이런 회사와는 미수금이 한 번이라도 발생하면 더 이상 거래를 안 하는 게 좋은 방법이다. 현재 나는 미수금에 대해서 더 철저히 관리하기 위해서 신규 고객은 선금을 받고 거래를 하는 시스템으로 변경해 두었다.

BBT 테스트는 샘플 제작시에는 돈을 받지만 대량 생산을 할 때는 제조사에서 기본적으로 테스트 후에 양품만 납품한다. 불량이 없는 양품을 고객사에 납품해야 하는 것이 기본이기 때문에 돈을 주진 않지만 테스트는 한다. 불량인 제품을 납품했고 부품까지 장착했는데 PCB 불량으로 동작을 안 하면 고객과 갈등이 생길 것이기 때문이다.

고객과의 갈등은 안 만드는 게 최선이다. 고객들과는 웃으면서 일하는 회사로 만들려면 소통을 잘해야 하는데 쉽지 않다. 상대방은 했다고 하는데 나는 들은 바가 없는 경우도 있다. 그래서 나는 전 직원에게 말로만 소통하지 말고 글로써 소통하라고 한다. 모든 건 메일로 보내고 나서 부연 설명할 때는 말로 하라고 한다.

한 번 고객은
영원한 고객으로 만들어라

새로운 시장을 개척하고 변화의 트렌드를 제일 쉽게 알 수 있는 곳 중의 하나가 전시회다. 사업 초기에는 국내에서 하는 전자전에 매년 참석했다. 업력이 쌓이고 시간적 여유가 생기면서부터는 해외 전시회 위주로 바꿨다. 특히 홍콩에서 매년 봄 가을에 개최하는 전자전은 국내의 몇 배 규모를 자랑한다. 홍콩 전자전이 끝날 때쯤에 중국 광저우에서도 또 다른 대규모 전자전이 펼쳐진다. 중국 전자전 규모는 홍콩의 몇 배이니 국내 전자전과는 규모 면에서 비교가 안 된다. 그런 크기의 전시장을 관람하다 보면 점심시간이 되기도 전에 체력이 바닥을 드러내곤 한다.

두 전시회 모두 신제품이 많이 출시되는데 특이한 트렌드는 획기적인 신기술을 장착한 신제품이 아닌 기존에 나와 있는 기술을 하나씩만 추가해서 출시된다는 것이다. 재작년 오디오관에 갔을 때는 오디오 제품에는 디스플레이가 없었는데 작년에는 작은 액정이 달려 있었다. 올해 전시회를 갔더니 좀 더 큰 LCD 액정이 달려서 더 많은 정보를 표시해 주고 있었다.

세계 최초로 출시된 스마트폰도 획기적인 기술이 들어가기는 하지만 그 수보다는 기존에 나와 있는 기술을 아주 잘 조합해서 출시된다. 왜 이런 기술을 기존 핸드폰에 넣지 않았을까 하는 의문이 들 정도로 각종 기능을 넣고 조합을 잘한 다음 사용자가 쓰기 편하게 프로그램으로 잘 구현해 놓았다. 아시아권 전자전을 다니면서 느낀 점은 기존 제품에 누구나 다 알고 있는 좋은 기능을 남들보다 잘 구현해서 접목했느냐가 관건이었다. 그게 트렌드가 되면 다른 회사들도 그 기능을 넣은 신제품을 따라서 출시했다.

중국 전시회를 관람하다 너무 지쳐서 잠시 벤치에 앉아 쉬고 있는데 한 통의 전화가 왔다.

"박 대표님, 안녕하세요. 지금도 PCB 설계사업 계속 하고 계시죠? 제가 이직한 회사가 PCB 설계를 자체적으로 했어요. 그런데 그 직원이 그만두어서 PCB 설계업체를 찾아야 하는데 박 대표님이 생각나더라구요."

전화를 준 이 과장은 5년 전 A테크에서 산업용 컨트롤러 보드 개발을 했던 담당자인데 이직하면서 메일 한 통을 보내 왔다. 그 동안 여러모로 많은 도움을 주셨는데 직접 찾아뵙고 인사드리지 못한 점 용서해 달라며 감사하다는 내용의 메일이었다. 그 이후에 연락이 없다가 다시 우리 회사와 일할 수 있는 상황이 되었을 때 잊지 않고 연락한 것이다.

귀국 후 인사드리러 가겠다고 통화한 후 스마트폰 일정표에 적어 두었다. 사업 초기에는 수첩의 일정표에 약속시간을 기재해 놓았는데도 깜빡하고 일정을 놓치는 경우가 종종 있었다. 스마트폰을 들고 다니면서부터는 일정표에 바로 기재해 놓으면 해당 일정이 되기 전에 메일 또는 알람으로 일정을 알려주니 참 좋은 세상이라고 생각하면서 또다시 관람했다.

귀국 후 이 과장 회사에 방문해서 새로운 명함을 받으니 팀장으로 되어 있었다. 이직하면서 팀장급으로 연봉을 높여서 온 케이스였다. 다시 불러줘서 감사하다는 인사를 전하니 기존에 일하던 PCB 설계 직원과 스타일이 안 맞아서 많이 힘들었다면서 새로운 회사를 찾을 때 제일 먼저 생각난 게 우리 회사였다고 한다. 그 말을 들으니 기분도 좋아지면서 어깨가 한없이 높아졌다. 이직한 회사는 기존 A테크보다 규모도 더 크고 설계보드도 훨씬 커서 PCB 설계를 하는 입장에서는 매출이 더 발생하니 이 팀장의 이직이 우리 회사에게는 호재였다.

"박 대표님만 알고 계세요. 제가 다음 달 말까지만 이 회사를 다니고 박 대표님도 아시는 H전자로 이직할 예정입니다. 그 회사에서 합격통지는 벌써 받았구요."

"잘됐네요. 축하드립니다. 그 회사 이 바닥에서는 중견기업 중 급여 좋고 복리가 좋기로 유명하잖아요. 다시 한 번 축하드립니다."

김 대리와는 B산업에서 김 대리가 신입사원일 때 처음 만났다. B산업은 산업용 모니터를 만드는 회사였는데 특히 모니터 쪽에 설계 경험이 많은 우리 회사를 다른 협력업체로부터 소개받아서 인연을 맺었다. 그 후 김 대리는 현재의 회사로 이직했고, 이직해서도 우리 회사와 계속 거래했다. 보통 이직할 때는 더 큰 회사, 더 좋은 조건으로 가는데 김 대리는 이직할 회사의 설계도 우리 회사에 주겠다고 하니 회사 입장에서는 김 대리가 우리 회사 영업을 대신해 주는 거라 정말 고마웠다.

10년 전까지만 해도 고객과의 미팅은 내가 했으나 이후는 PCB 설계 총괄인 조 실장이 대부분 맡아서 한다. 조 실장이 고려대 산학연에 다녀오겠다고 회사 문을 나섰다. 운전 조심히 잘 다녀오라고 하고선 나는 고객사에서 요청한 보고서를 작성했다.

점심 이후에 나갔던 조 실장이 회사로 복귀했는데 어느덧 퇴근 시간이 다 되어 있었다. 보고서 작성하느라 시간 가는 줄 모르고 있었던 것이다.

"고려대 김 연구원이 이번에 미국에 있는 의료기 로봇 회사로 취직해서 간다고 그러네요. 그러면서 사장님한테도 그동안 많이 도와줬다고 고맙다고 전해 달라고 했어요."

고려대 김 연구원은 석사 초기 때부터 알던 친구였는데 이번에 석사 논문 취득을 하고 취직을 한 것이다. 그러나 국내 기업이 아닌 미국으로 간다고 하니 조금 아쉽기는 했다. 우리 회사는 이름만 대면 알 만한 대학의 산학연과 많은 일을 해 왔다. 거기서 배출되는 석박사 연구원들이 취직하면 우리 회사에 설계 의뢰를 다시 하는 경우가 꽤 많이 있는데 고려대 김 연구원은 미국 의료기 로봇 회사에 취직한다고 하니 우리에게 설계를 주기는 힘들겠다는 아쉬움이 밀려왔다.

"고려대 김 연구원한테서 메일이 왔는데요. 미국 회사에서 하는 프로젝트 설계를 우리에게 맡길 테니 제조까지 해서 미국으로 보내 달라고 하네요."

설계 수주가 힘들겠다고 생각했던 김 연구원이 잊지 않고 찾아 준 것이다. 설계뿐만 아니라 제조까지 해서 달라고 하니 수출 실적이 전무한 우리 회사에 처음으로 미국 수출 실적이 생기는 쾌거까지 이루게 되었다. 김 연구원은 그 이후에도 자기 후배인 고려대 석박사를 미국 회사에 계속 추천해서 더 많은 프로젝트를 했고, 더 많은 보드를 미국 회사에 수출할 수 있게 해주었다. 지금 김 연구원은 국내 의료기 로봇 회사에 팀장으로 이직해서 우리 회사에 고객사 한 곳을 더 추가시켜 준 은인 같은 존재다.

한 번 고객이 되면 그 고객은 이직할 때마다 다 부르는 건 아니지만 기회가 될 때마다 우리를 불러 주고 있다. 고객이 이직해서도 다시 찾게 하는 건 어렵지 않다. 설계 회사니까 설계는 회로에 맞게 기본적으로 잘해야 한다. 그보다는 내 입장이 아닌 고객의 입장에서 일을 하고 최선을 다하는 모습을 보여 주고 진심을 다해서 고객을 대해 주면 된다. 그러면 고객도 정말 열심히 일을 하는구나 하는 진심을 알게 된다. 그리고 이직해서도 우리와 같이 일을 하고 싶어 한다. 그게 비결이다.

고객이 이직해서도 거래를 계속할 수 있는 것이 우리 회사의 장수 비결이 아닌가 싶다.

사업회로도

인쇄일 2022년 3월 24일
발행일 2022년 3월 31일

지은이 박건영

펴낸곳 아임스토리(주)
펴낸이 남정인
출판등록 2021년 4월 13일 제2021-000113호
주소 서울특별시 서대문구 수색로43 사회적경제마을자치센터 2층
전화 02-516-3373
팩스 0303-3444-3373
전자우편 im_book@naver.com
홈페이지 imbook.modoo.at
블로그 blog.naver.com/im_book

ISBN 979-11-976268-5-2 (03320)